Oestreich + Schmid

52 De aedibus

Oestreich + Schmid

Quart Verlag Luzern

Oestreich + Schmid
52. Band der Reihe De aedibus / Volume 52 of the series De aedibus

Herausgeber / Edited by: Heinz Wirz, Luzern
Konzept/Concept: Heinz Wirz; Oestreich + Schmid, St. Gallen
Textbeitrag / Article by: Katrin Eberhard, St. Gallen
Objekttexte / Project descriptions: Oestreich + Schmid
Vorwort/Foreword: Heinz Wirz
Textlektorat / Text editing: Annika Greuter, Heidelberg; Miriam Seifert-Waibel, Hamburg
Übersetzung Deutsch-Englisch / English translation: Benjamin Liebelt, Berlin; ausser/except: David Koralek/ArchiTrans, Berlin S. 8–13
Fotos/Photos: Nina Baisch, Konstanz S. 25–37; Hugo Borner, St. Gallen S. 12, 13 u., 24; Anna Tina Eberhard, St. Gallen S. 38–39; Katrin Eberhard, St. Gallen S. 9, 11; Gabriela Falkner, Herisau S. 77; Ralph Feiner, Malans S. 40–49; Pascal Gnädinger, St. Gallen S. 13 u., 57, 67, 69, 73 (Bild 8), 74 (Bild 9), 75 (Bild 17); Ignazio Martinez, Spanien S. 72 (Bild 2), 73 (Bild 6); Oestreich + Schmid, St. Gallen S. 6, 8, 15–18, 21 o., 33 o., 51, 66, 71–76; Silvia Oberhänsli, Wallenwil S.14; Hanspeter Schiess, Trogen S. 10 u., 50, 52–55, 62–65, 75 (Bild 13); Heinz Unger, Schlieren S. 19–23
Grafische Umsetzung / Graphic design: Quart Verlag, Linus Wirz
Lithos: Printeria, Luzern
Druck/Printing: DZA Druckerei zu Altenburg GmbH

ISBN 978-3-03761-074-9

Quart Verlag GmbH
Denkmalstrasse 2, CH-6006 Luzern
books@quart.ch, www.quart.ch

De aedibus 52 – Notat
Heinz Wirz

Es freut uns, mit diesem Band zum vierten Mal ein Architektenteam aus der Ostschweiz vorstellen zu können. Es entspricht einem der Ziele unserer Buchreihe, ambitionierte Architekten und ihre Bauten aus vielen Regionen der Schweiz zu versammeln. Die Reihe ermöglicht uns auch seit 2000, eine grosse Anzahl anspruchsvoller Essays von fachkundigen Architekturexperten zu veröffentlichen – im vorliegenden Band findet sich etwa eine kompetente Einführung ins Werk der Architekten von Katrin Eberhard, einer Autorin, die ihre Wurzeln in derselben Region wie die Architekten hat.
Eines der ersten gemeinsamen Projekte von Peter Oestreich und Markus Schmid war die Transformation eines kleinen, unscheinbaren Wohngebäudes in zwei Etappen. Vorerst tauschten sie den desolaten Anbau gegen ein gleich grosses, würfelförmiges Volumen aus; die Zweiteilung des ursprünglichen Gebäudes wurde dadurch schärfer formuliert und eine intensivere zeitgemässe Nutzung des Gebäudes ermöglicht. In der zweiten Phase, einige Jahre später, ersetzten Oestreich und Schmid den Hauptbau durch einen Neubau von genau derselben Volumetrie, wodurch der gesamte Prozess einer Metamorphose glich. Das Resultat schliesslich weist eine neue innere Struktur auf, ist in einer zeitgenössischen Sprache «verfasst», mit anderen Materialien gebaut und wartet im Dachgeschoss mit einer aussergewöhnlichen räumlichen Qualität auf. Es ist ein programmatisches Spiel mit Gebäudevolumen, Verdichtung und Wachstum, in dem der methodische Kern der späteren Projekte bis hin zur städtebaulichen Dimension bereits angelegt ist.
Ausgesprochen räumliche Qualitäten weist etwa das Gemeindehaus in Bronschhofen auf, dessen zentrale Halle wie ein Innenhof alle drei Geschosse in Kontakt bringt und im Verbund mit den Räumen der einzelnen Geschosse zu einem grossartigen Raumerlebnis wird. Mit der Dreifachsporthalle in Mörschwil akzentuieren die Architekten das leicht geneigte Terrain mit einem in den Hang verankerten Volumen, dessen sichtbarer Teil mit einer grossen Geste die Topografie fasst und ergänzt.
Derweil ich diese Zeilen schreibe, erinnere ich mich an den Leitspruch Le Corbusiers, der die Bauherren ermahnte: «Architektur ist das kunstvolle und grossartige Spiel der unter dem Licht versammelten Baukörper». Heute kann jedoch die Architektur glaubwürdig nicht mehr nur auf einzelne Gebäude ausgerichtet sein. Die Bauten müssen Teil eines gewachsenen Ensembles an einem bestimmten Ort sein. Das können wir am Beispiel der hier dargestellten Gebäude leicht nachvollziehen.

Luzern, im November 2013

De aedibus 52 – Notat
Heinz Wirz

We are pleased that this volume presents an architectural team from Eastern Switzerland for the fourth time. That reflects one of the aims of this series, namely to compile ambitious architects and their works from many different Swiss regions. Since 2000, the series has also enabled us to publish a large number of discerning essays by experienced architectural experts. For instance this book includes a competent introduction to the architects' work by Katrin Eberhard, an author who shares the same regional roots as the architects themselves.
One of the first joint projects by Peter Oestreich and Markus Schmid was the two-stage transformation of a small, inconspicuous residential building. First they replaced the dilapidated extension with an equal-sized, cube-shaped volume. That formulated the dual structure of the original building more strongly and allowed it to be used in a more modern way. In the second stage a few years later, Oestreich and Schmid replaced the main building with a new one that had exactly the same volumetrics, making the entire process resemble a metamorphosis. The final result has a new structure, is "composed" in a contemporary language, is built using different materials and has an exceptional spatial quality due to its attic floor. It represents a programmatic play on building volumes, condensing and growth, into which the methodical core of later projects is already integrated, even including an urban planning dimension.
Outstanding spatial qualities are also a characteristic of the community centre in Bronschhofen. Its central hall acts like an inner courtyard by connecting all three floors, combining with the rooms on the individual storeys to achieve an impressive spatial experience. In the case of the triple sports hall in Mörschwil, the architects accentuate the gentle incline of the terrain with a volume that is anchored to the slope, its visible section framing and complementing the topography in a grand gesture.
As I write these lines, the motto of Le Corbusier comes to mind, warning builders that: "Architecture is the masterly, correct and magnificent play of masses brought together in light." Today however, architecture is no longer convincing if it is merely oriented towards individual buildings. The structures must be part of the developed ensemble at a specific location, which is easy to perceive when examining the buildings presented in this volume.

Lucerne, November 2013

Einordnung und Eigenheit

Katrin Eberhard

Die Anfänge der Zusammenarbeit zwischen den Architekten Peter Oestreich und Markus Schmid gehen zurück auf Wettbewerbsbeiträge in den frühen 1990er Jahren, einige Jahre nach Abschluss ihres Studiums in Winterthur. Bereits das zweite gemeinsame Projekt, eine Eingabe für den 1993 ausgeschriebenen Wohnbau-Wettbewerb «Europan 3 – Zuhause in der Stadt», erhielt den ersten Preis. Dieser frühe Erfolg ist sicher einer der Gründe dafür, dass die Teilnahme an offenen Wettbewerben über die Jahre hinweg die wichtigste Akquiseform des Büros geblieben ist. Bis heute schätzen die Architekten die Auseinandersetzung mit einem gegebenen Wettbewerbsprogramm als geeignete Form, um hohe gestalterische und architektonische Qualität zu erlangen. Die Entwürfe entstehen im Team, in der Diskussion untereinander und mit den Mitarbeiterinnen und Mitarbeitern. Der Wirkungskreis von Oestreich und Schmid ist dabei, abgesehen von den obligaten Lehr- und Wanderjahren in Zürich, Bern und Übersee, weitgehend regional geblieben. Dies ist vor allem dem Umstand geschuldet, dass der gesamte Planungs- und Bauvorgang, von der vertieften Analyse eines Ortes bis hin zur engen Begleitung einer Baustelle, mit zunehmender Distanz organisatorisch schwieriger zu bewerkstelligen ist und Ressourcen verschlingt, die an anderer Stelle wirkungsvoller eingesetzt werden können. Einerseits lassen folglich der hohe Anspruch und die ausgeprägte Sorgfalt eine zu grosse geografische Distanz gar nicht zu, andererseits erleichtert die Vertrautheit mit der Ostschweizer Architektur und Geschichte wohl in so mancher Situation die tägliche Arbeit.

Seit 1995, seit der Gründung des gemeinsamen Architekturbüros, arbeiten Peter Oestreich und Markus Schmid vis-à-vis an zwei Tischen in einer gleichgestellten Partnerschaft, in der es keine festgelegten Zuständigkeiten gibt, sondern von Fall zu Fall ausgehandelt wird, wer welche Arbeiten übernimmt. Der thematischen Offenheit des Büros, das sich den unterschiedlichsten Architekturaufgaben der Gegenwart stellt, steht eine bereits früh gefestigte gestalterische Konstanz gegenüber, die das Team nun bereits seit über zwei Jahrzehnten pflegt. Diese Konstanz äussert sich nicht im Wiederholen «eigener» Formen oder Elemente; gemeinsam sind den zahlreichen realisierten Bauten und den noch zahlreicheren Projekten vielmehr ihre ausgewogenen Proportionen, ihre Gelassenheit im Auftritt, ihre unaufgeregte, immer zwischen Eleganz und Funktionalität oszillierende Gestaltung.

Wettbewerb «Europan 3 – zuhause in der Stadt» / Competition "Europan 3 – At Home in the City"

Integration and Singularity

Katrin Eberhard

The collaboration between architects Peter Oestreich and Markus Schmid had its beginnings in competitions they worked on together in the early 1990s, several years after having completed their studies in Winterthur. Success came quickly: Their second joint project, a submission for the 1993 housing competition "Europan 3 – At Home in the City", was awarded first prize. This early achievement is certainly one of the reasons that participating in open competitions has remained the firm's most important means of acquiring work over the years. Even today, the architects continue to value working with a given competition program as a suitable means for achieving a high level of design and architectural quality. The designs emerge through teamwork, in discussions with each other and with their staff. Apart from their obligatory years of apprenticeship and travel in Zurich, Bern and overseas, Oestreich and Schmid's sphere of activity has remained mostly regional. This is mainly due to the fact that, with increasing distance, the entire planning and construction process, from the in-depth analysis of a site and its surroundings to closely following the construction work as it progresses on-site, becomes more difficult to marshal and devours resources that could be used elsewhere more effectively. Hence, their high standards and pronounced diligence do not at all permit much geographic distance and, in addition, their familiarity with Eastern Swiss architecture and history undoubtedly facilitates their day-to-day work in many situations.

Since 1995 – since establishing their joint architectural practice – Peter Oestreich and Markus Schmid have been working at two tables, vis-à-vis, in an equal partnership; instead of working within the limits of preestablished responsibilities, who does what is negotiated on a case-by-case basis. The thematic openness of the firm, which undertakes the full spectrum of contemporary architectural tasks, stands in contrast to an aesthetic consistency that arose early-on, and which the team has now already maintained for more than two decades. This consistency is not manifested in the repetition of "typical" forms or elements; what the many completed buildings and even more numerous unbuilt projects have in common are instead their balanced proportions, their tranquil appearance, and their serene design that invariably oscillates between elegance and functionality.

Offensichtlich ist, dass sich der Baustoff Beton wie ein roter Faden durch das Werk von Oestreich und Schmid zieht. Die Architekten haben sich im Laufe der Jahre grosse Erfahrung im Umgang mit diesem Material angeeignet. Alle Details sind bis ins Letzte durchdacht, die Leuchten eingelassen, Schaltkasten dezent versteckt, Türzargen bündig eingepasst. Dem vorausschauenden Umgang auf der Seite der Planenden steht eine einwandfreie handwerkliche Verarbeitung gegenüber, wie sie nur durch intensiven Austausch zwischen den Architekten und den Unternehmern entstehen kann: Jede Kante ist sauber gegossen, jedes Schalungsbrett perfekt verlegt, nichts bleibt dem Zufall überlassen. Dass hier alle Leistungen, bis hin zur Detailplanung und zur Bauleitung während der Ausführung, nach traditioneller Manier vom Architekturbüro erbracht wurden, ist sofort ersichtlich. So wirken die Schotten im Bronschhofener Gemeindehaus oder die Treppenbrüstung in der Dreifachsporthalle in Mörschwil tatsächlich monolithisch, passgenau wie aus einem gigantischen Steinblock herausgefräst und aufeinandergeschichtet.

It is evident that concrete is a building material that runs through the work of Oestreich and Schmid like a common thread. The architects have acquired vast experience in dealing with this material over the years. Everything is thought through down to the last detail: the lights are recessed, switches are discreetly hidden, and door frames are flush with the walls. The foresighted approach on the part of the planners is complemented by the flawless craftsmanship of a kind that can only develop through intensive communication between the architects and the contractors: every edge is cleanly cast, every piece of formwork is laid perfectly, and nothing is left to chance. Here it is immediately apparent that all the architectural services, including detail planning and construction supervision, were performed by the architectural firm along traditional lines. The cross-walls in the Bronschhofen municipal building, for instance, or the stair parapet in the triple sports hall in Mörschwil do indeed seem monolithic, precisely formed as if milled from a gigantic block of stone and stacked atop one another.

Grün schimmernd oder in warmgelbes Licht getaucht: Beton ist selten grau.

Shimmering in green or bathed in warm yellow light: the concrete is seldom gray.

Teppichsiedlung Biserhof, St. Gallen
Bildnachweis / Courtesy of: Werk 45, 2-1958

Dass Beton nie nur «grau» ist, sondern immer die Farben und die Lichtstimmung der Umgebung aufnimmt, wird in diesen Gebäuden augenfällig. Durch das Holz der Deckenverkleidung in der Sporthalle ergibt sich ein warmgelber Grundton, der petrolblaue Gussboden im Gemeindehaus verleiht den Oberflächen einen zarten grünen Schimmer.
Neben den diffusen Nuancen – sie sind immer vom jeweiligen Tageslicht abhängig – arbeiten Oestreich und Schmid auch mit gezielten Farbgebungen. Verantwortlich für die inzwischen schon zahlreichen Farbkonzepte ist der St. Galler Künstler Hugo Borner; die Wahl der Farben wird jeweils in enger Zusammenarbeit mit den Architekten getroffen. So entstand auch die Idee für die aussergewöhnlichen Umkleidekabinen in der Dreifachsporthalle in Mörschwil, wo das Duschen quasi einem Bad in der Farbe gleichkommt (siehe Seite 49). In der Beraterbank in Gais zeichnen vertikale Farbbänder den zeitgenössischen Eingriff im bestehenden Haus aus, wohingegen im Wohn- und Pflegeheim in Flawil die unterschiedlich lackierten Zimmertüren nicht nur eine willkommene Abwechslung in der Wandabfolge leisten, sondern sicher auch als Orientierungshilfe für die Patienten dienen.

These buildings make it obvious that concrete is never just "gray" – it always picks up the colors and lighting quality of its surroundings. The wood lining of the ceiling in the sports hall yields a warm yellow basic tone, and the petrol blue resin floor in the municipal building bestows a soft, green shimmer to the surfaces.
Along with such subtle nuances – they are always dependent on the particular daylight conditions – Oestreich and Schmid also work with purposeful color schemes. The person responsible for what are meanwhile numerous color concepts is St. Gallen artist Hugo Borner; in each case, the colors are chosen in close collaboration with the architects. That is also the origin for the idea behind the remarkable changing rooms in the triple sports hall in Mörschwil, where taking a shower is virtually tantamount to taking a bath in color (see page 49). In the Raiffeisen-Beraterbank in Gais, vertical colored bands of color distinguish the contemporary intervention from the existing building, while in the residential and nursing home in Flawil, different colors on the doors to the rooms not only provide welcome variety along the corridor, but no doubt also lend guidance to the patients.

In der Wohnüberbauung Kammelenberg schliesslich rahmen pastellfarbene Hauseingänge und Fensterprofile die vom Gassenraum einsehbaren, individuellen Wohnbereiche; innerhalb einer bestimmten Farbklaviatur erhält jedes Haus seinen eigenen Farbton. Bei allen diesen Beispielen kennzeichnet Farbe jeweils die Grenze – oder anders formuliert: den Übergang – zwischen den öffentlich nutzbaren und den privateren, nur eingeschränkt begehbaren Zonen des Gebäudes oder der Häusergruppe.

Gerade in der eben erwähnten Wohnüberbauung ist die Ausgestaltung dieser Grenze massgeblich für das Gelingen des Vorhabens. Wie schon bei der unterdessen denkmalgeschützten Teppichsiedlung Biserhof 500 Meter westlich (Danzeisen & Voser, 1956/57) und bei der ebenso markanten Siedlung Kammelenberg desselben Architekturbüros aus den 1970er Jahren gleich nebenan geht es auch in der jüngsten Überbauung darum, das Gleichgewicht herzustellen zwischen Offenheit und Abgeschlossenheit, zwischen privater und öffentlicher Sphäre, zwischen Eigenheit

Lastly, in the Kammelenberg residential development, pastel-colored windows and entryways frame the individual living areas visible from the alleyway; thus each house gets its own color within a designated color palette. In all these examples, color identifies the boundary – or put another way: the transition – between the publicly accessible and the more private, restricted-access zones of the building or building group.

Especially in this last residential development, the design of this boundary has been key to the success of the project. As in the landmarked Biserhof carpet housing development (Danzeisen & Voser, 1956/57) located 500 meters to the west, and the equally distinctive Kammelenberg settlement, which was designed in the 1970s by the same architectural firm and is directly adjacent, the goal in the latest development has also been to establish a balance between openness and closure, between private and public, between singularity and integration. How much individuality is possible, and how much community is needed for peaceful coexistence in the settlement? The complete absence

Im Bankgebäude in Gais und im Wohn- und Pflegeheim in Flawil kennzeichnet die punktuell eingesetzte Farbe die Grenze zwischen den öffentlichen begehbaren und den privaten Bereichen.

In both the bank building in Gais and the residential and nursing home in Flawil, the use of color in selected places denotes the boundary between publicly accessible and private areas.

und Einordnung. Wie viel Individualität ist möglich, wie viel Gemeinschaft nötig, damit das Zusammenleben in der Siedlung funktioniert? Das bis dato vollständige Fehlen von störenden Sichtschutz- oder anderen Abschottungsmassnahmen einzelner Bewohner liefert sicher einen Hinweis dafür, dass die Architekten dieses Gleichgewicht gefunden haben. Insgesamt ist die neue Siedlung nämlich transparenter als ihre beiden Vorgängerinnen, was nicht nur mit der dort im Laufe der Jahre üppig gewachsenen Vegetation zusammenhängt, sondern auch mit der Höhe der Häuser und der direkteren, weniger gewundenen Wegleitung. Durch die intelligente Anordnung einerseits der Häuser zueinander und in der Topografie, andererseits der Wohnräume innerhalb eines Hauses entstehen auf ganz selbstverständliche Art und Weise Begegnungs- beziehungsweise Rückzugsorte; die Bewohnerinnen und Bewohner profitieren so trotz der hohen baulichen Dichte, trotz der Einbindung in ein übergeordnetes Ganzes von allen Vorteilen eines frei stehenden Einfamilienhauses. Eminent wichtig für den Zusammenhalt des Gefüges sind sicher die sorgfältig gestalteten Aussenräume, die nicht einfach undefinierte Zwischenräume zwischen zwei Bauten sind, sondern eine eigene Qualität aufweisen.

to date of disruptive visual screening measures or other barriers that might have been put up by individual residents certainly offers an indication that the architects have found this balance. On the whole, the new settlement is in fact more transparent than its two predecessors, which is not solely a consequence of the lush vegetation that has grown there over the years, but also of the height of the houses and the more direct, less winding paths. The intelligent layout – of the houses to each other and within the topography, and of the living spaces within a house – results in places of encounter and refuge that emerge in a very natural way; so despite the high building density, and despite being integrated into a greater whole, the residents profit from all the benefits of a detached single-family house. The attentively designed outdoor spaces, which are not simply undefined spaces between two buildings, but possess their own special quality, are without doubt eminently important for the coherence of the whole.

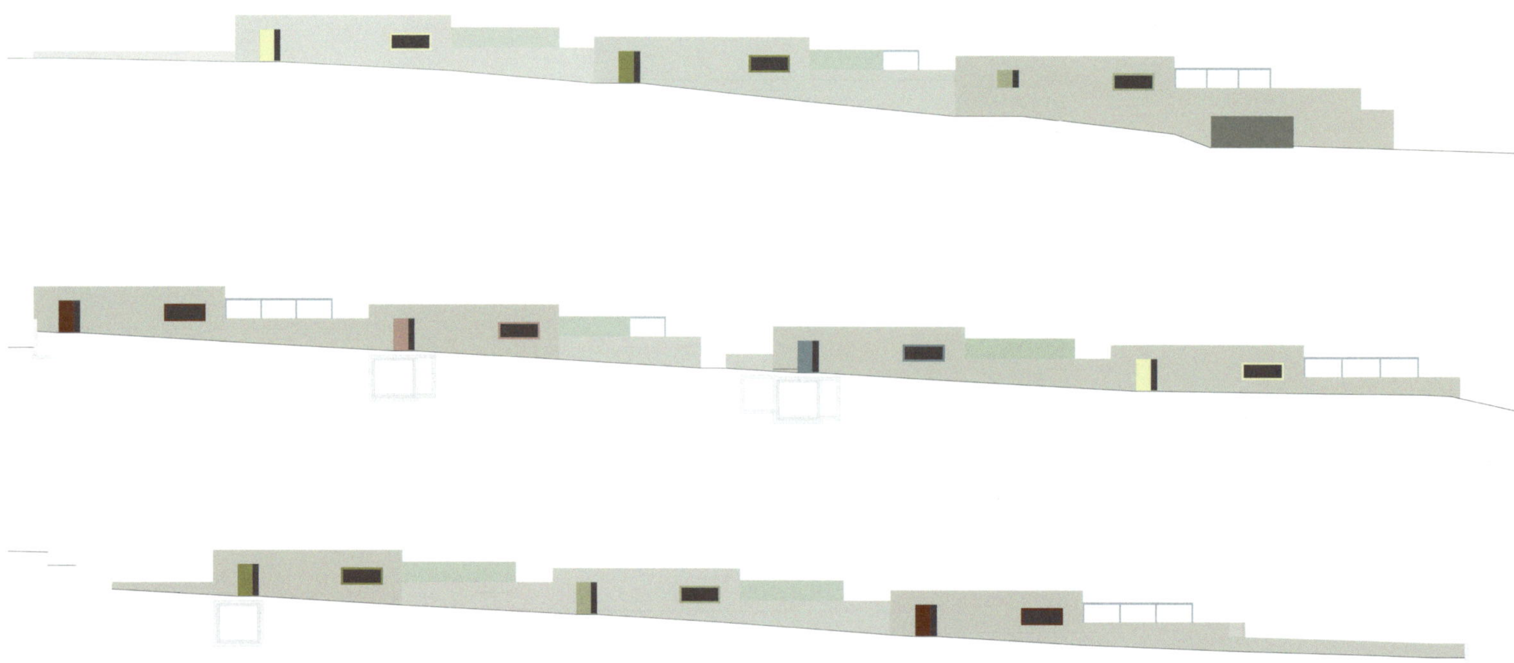

Pastellnuancen bestimmen die Farbklaviatur für die Einfamilienhäuser in der Wohnüberbauung Kammelenberg.

Pastel nuances dominate the color palette for the single-family houses in the Kammelenberg residential development.

Auch bei den beiden in der Planung befindlichen Projekten Wohnpark Laubwiesen in Frauenfeld und Wohn- und Pflegehaus Wienerberg in St. Gallen sind es die Aussenräume, die wesentlich für die zukünftige Wohnqualität mitverantwortlich sind. Am Wienerberg entsteht dank der intelligenten Setzung eines neuen, kompakten Körpers quasi selbstverständlich eine dem Ensemble wohl anstehende, massstabsgerechte Parksituation; gleichzeitig ermöglichen die Architekten damit die Etappierung des Bauvorhabens und vereinfachen so den Bauprozess. Diese Entscheidung fiel sicherlich erst nach reiflichen Überlegungen, denn sie bedingte die unkonventionelle Ausrichtung der Zimmer nach Nordwesten, immerhin gesegnet mit einer wunderbaren freien Aussicht über das Sittertal bis nach Engelburg. Ähnlich wie beim besagten Altersheim steht auch in der Wohnüberbauung Laubwiesen die bestehende Bebauung am Anfang der Neugestaltung: Sie gibt nicht nur die Gebäudetiefe, sondern auch die Dimension der Aussenräume vor. So zeigen die geplanten mäandrierenden Gebäudekörper mit ihren geschosshohen Öffnungen zwar ein dezidiert zeitgenössisches Gesicht, sie ordnen sich aber klar dem gewachsenen Bebauungsmuster unter und weben ein in der Umgebung bereits bestehendes Netz von Grünräumen weiter.
Der jüngste, in diesem Buch noch nicht näher besprochene Auftrag des Büros ist die Revitalisierung des Bahnhofsgebäudes in Walzenhausen, eines in moderner Formensprache erstellten Gebäudes aus den 1950er Jahren, mitten im Dorfkern. Dieser Auftrag geht zurück auf eine von Oestreich und Schmid erstellte «Haus-Analyse»[1], in der sie es mit wenigen gezielten Eingriffen fertiggebracht haben, die Eigentümerschaft davon zu überzeugen, das an sich gut gestaltete, aber über die Jahre etwas heruntergekommene Gebäude wieder aufzuwerten und neu in den Dorfplatz einzubinden.
Bei all diesen Projekten kann das «Weiterbauen» nur gelingen dank der gründlichen Analyse des Bestehenden, des Ortes und seiner Eigenheiten. Die Aufnahme eines bereits gewachsenen historischen Kontextes, das Erkennen des sogenannten Genius Loci und die sorgfältige Umsetzung der gemachten Erkenntnisse in einem neuen Projekt bedingen eine respektvolle Sicht nach links, nach rechts und in die Vergangenheit. Dass sich Oestreich und Schmid die Zeit nehmen, diesen Merkmalen wirklich auf den Grund zu gehen, sieht man ihrem gesamten Werk an. So bestimmen «Einordnung und Eigenheit» ihre Architektur insgesamt: Die Einordnung erfolgt nicht anbiedernd, sondern selbstbewusst, die Eigenheit zeigt sich respektvoll und zurückhaltend.

Even with the two projects now in planning – the Laubwiesen Residential Estate in Frauenfeld and the Wienerberg Residential and Nursing Home in St. Gallen – it is the outdoor spaces that substantially share the responsibility for the future quality of living. In the Wienerberg project, thanks to the intelligent positioning of a new, compact building form, a properly scaled park situation that is well-suited to the ensemble emerges quasi naturally; moreover, the architects thereby enable the building project to be divided into phases and thus simplify the construction process. This decision was certainly only reached after careful deliberation, because it necessitated an unconventional orientation of the rooms to the northwest – which means, at least, they are blessed with a wonderful, uninterrupted view across the Sittertal toward Engelburg. Similar to the aforesaid nursing home, existing buildings are also the starting point for the new development in the Laubwiesen project: They not only fix the building depths, but also the dimensions of the outdoor spaces. Although the meandering building forms, for instance, present a decidedly contemporary face with their story-high openings, they are clearly subordinate to the mature pattern of development that has evolved over time, and they continue a network of green spaces that already existed in the area.
The firm's latest commission, which is not discussed in further detail in this book, is the revitalization of the train station in Walzenhausen, a modernist building from the 1950s, directly in the village center. This commission dates back to a "building analysis" conducted by Oestreich and Schmid, in which, with just a few targeted interventions, they managed to convince the property owners to upgrade buildings that, although well-designed, had become somewhat dilapidated over the years, and to reintegrate them into the village square.
In all these projects, the act of "Weiterbauen" – of continuing the existing built fabric – only succeeds thanks to a thorough analysis of the existing – of the place and its singularities. The assimilation of a mature, historical context, the recognition of the so-called genius loci, and the diligent implementation of the findings gained in a new project require a respectful view to the left, to the right, and into the past. Looking at their entire oeuvre, one sees that Oestreich and Schmid take the time needed to really get to the bottom of these characteristics. Thus "integration and singularity" determine their architecture as a whole: The integration is achieved self-assuredly, not slavishly, and the singularity manifests itself with respect and restraint.

1 Bedingt durch steigende Leerstände in den geschützen Ortszentren hat der Kanton Appenzell Ausserrhoden ein Projekt initiiert, im Zuge dessen ausgewählte Architekturbüros dorfbildprägende Gebäude analysieren und im Anschluss daran Entwicklungsstrategien inklusive möglicher Sanierungs- und Nutzungskonzepte aufzeigen. Ziel ist die längerfristig sinnvolle Nutzung des gebauten Erbes.

1 Due to rising vacancy rates in landmarked village centers, the Canton of Appenzell Ausserrhoden initiated a project in which selected architectural firms analyze buildings that distinguish the village townscape and then identify development strategies, including possible concepts for their restructuring and use. The goal is to ensure longer-term meaningful use of the built heritage.

Wohnpark / Residential estate Laubwiesen, Frauenfeld

Wohn- und Pflegehaus / Residential and Nursing Home Wienerberg, St. Gallen

Wohn- und Atelierhaus, Mühlau

Residential and Studio Building, Mühlau

Bereits 1997 erstellten wir in vorfabrizierter Elementbauweise einen mit Wellblech verkleideten Zubau als Studio für ein Wohnhaus aus Sichtbacksteinen. Dieser Zubau ersetzte den bislang an dieser Position stehenden baufälligen Schuppen. Auf engstem Raum erfüllt diese Erweiterung nun verschiedene Funktionen. Er dient als gedeckter Autoabstellplatz, als Studio sowie im Sommer als Dachterrasse zum Sonnenbaden.

Zehn Jahre später geht die Transformation weiter. Das bestehende Wohnhaus wurde durch ein neues ersetzt, da es dem Bedürfnis nach modernem und bequemem Wohnen nicht mehr genügte und die Bausubstanz sehr schlecht war. Das neue Gebäude hat die gleiche Form und die gleiche Orientierung des Dachfirsts wie das alte Gebäude. So bleibt die Erinnerung an das Ursprüngliche bestehen. Grundsätzlich bilden beide Baukörper wieder eine materielle Einheit wie früher der Hauptbau mit dem Schuppen. Das wird erreicht, indem Dach und Fassaden mit grossformatigen Blechtafeln einheitlich verkleidet sind. Es entsteht so ein kompaktes, eigenständiges Ensemble am Rande der bestehenden Einfamilienhaussiedlung zwischen Feldern und Eisenbahnlinie.

Back in 1997, we developed an extension consisting of a prefabricated modular construction with corrugated sheeting as a studio for an exposed-brick residential building.

The extension replaced the dilapidated shed that used to stand there. The extension now fulfils a range of functions in a very limited space. It serves as a covered car park, a studio and, during the summer, as a rooftop terrace for sunbathing.

Ten years later, the transformation continues. The existing residential building will be replaced by a new one, since it no longer fulfilled requirements for modern, comfortable living and the building itself was in a very poor condition. The new building has the same form and roof-ridge orientation as the old building, thereby preserving the memory of the original house. Generally, both buildings form a material unity, as the main building used to do with the shed. That is achieved by uniformly cladding the roof and the façades with large-scale metal sheeting. The result is a compact, autonomous ensemble on the outskirts of the existing settlement of single-family homes, situated between fields and the railway line.

Planung, Ausführung / Planning, construction: 1997, 2007–2008
Mitarbeit/Collaboration: Daniel Bühler
Bauingenieur / Structural engineer: Gerevini AG, St. Gallen
Bauleitung / Construction management: Architektengruppe, W. Forlin, Fahrwangen AG
Farbkonzept mit / Colour design with Hugo Borner, St. Gallen

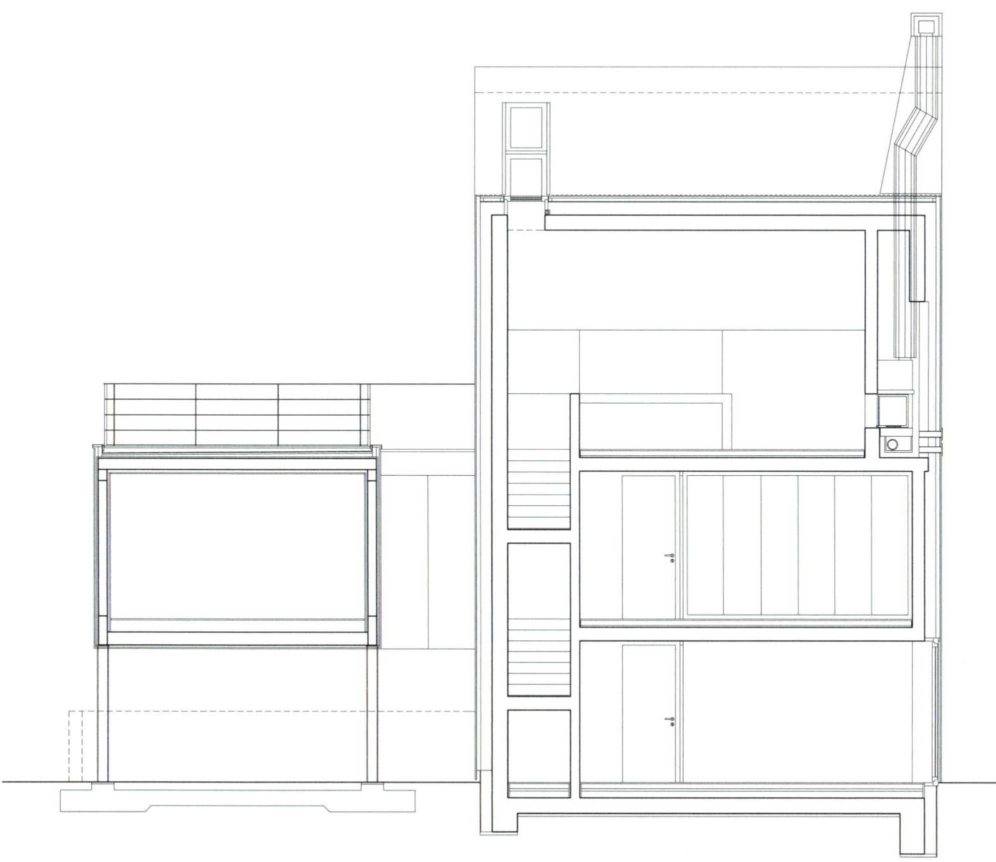

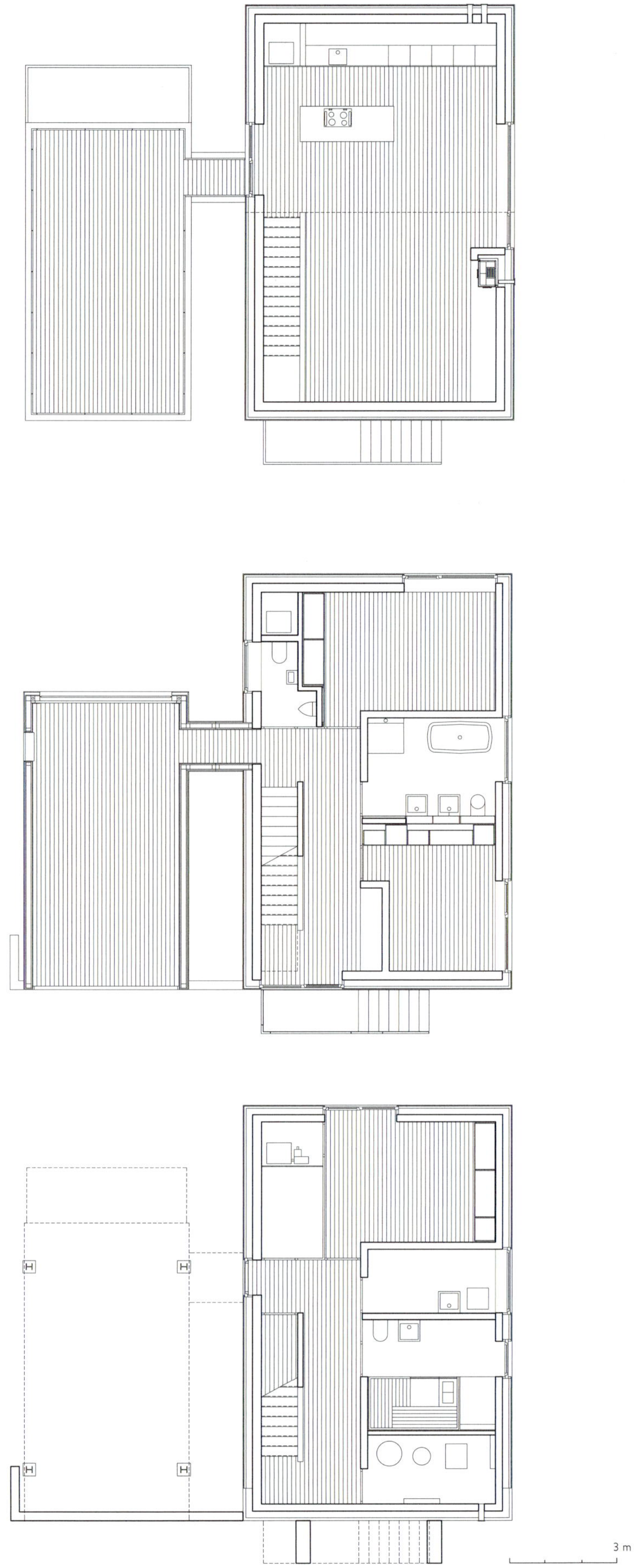
3 m

Umbau Stickereifabrik, Herisau

Embroidery Factory Conversion, Herisau

In der Hochblüte der Textilindustrie wurde 1912 diese Automatenstickereifabrik mit angebautem Fabrikantenhaus und einem weitläufigen Park erbaut. 1990 wurde der Betrieb eingestellt. Die Produktionshalle weist mit 35 Metern Länge, 14,5 Metern Tiefe und 4,5 Metern Höhe beachtliche Dimensionen auf, ist stützenfrei ausgebildet und hat grossdimensionierte Fenster.
Für die Umnutzung wurde die Halle aufgrund der neuen Erschliessungsstruktur in drei Teile mit je zwei Fensterachsen aufgeteilt. Im ersten und zweiten Drittel realisierte ein befreundetes Architektenpaar ihre Wohnung mit dazugehörigem Büro. Im letzten, dreiseitig belichteten Drittel konnten wir unser eigenes Loft als bewohnbares Experimentierfeld verwirklichen.
Eine grosse Wand teilt den Hallenraum einerseits in einen privaten, mehrfach gegliederten Trakt auf zwei Ebenen und andererseits in einen offenen Wohnbereich, in dem die ausserordentlichen Raum- und Fensterdimensionen erlebbar bleiben. In diese Wandfläche wurden verschiedenformatige Öffnungen komponiert, die teilweise mit einer Schiebewand geschlossen werden können. Die grossen Flächen auf der einen, das schmale Budget auf der anderen Seite forderten auch bezüglich der Materialwahl unkonventionelle Lösungen. So wurden vorwiegend rohe und industrielle Materialien eingesetzt: unbehandelte Pitch-Pine-Riemen für den Boden, Gips für die Wände, Aluminiumblech und zementgebundene Spanplatten für die Nasszelle. Die Kranbahn blieb erhalten und die 100-jährigen Glaslampen wurden neu bestückt und wieder montiert.

This automatic embroidery factory, with an adjoining merchant's house and an extensive park, was built in 1912 during the textile industry's heyday. It ceased production in 1990. The manufacturing hall has impressive dimensions, being 35 metres long, 14.5 metres deep and 4.5 metres high. It is has no load-bearing columns and large-scale windows.
For its conversion, the hall was divided into three parts, each with two window axes, to provide for a new accessing structure. In the first and second third of the building, a befriended architectural couple produced their own apartment and adjoining offices. In the final third, which has light from three sides, we created our own loft as a liveable experimental environment.
A large wall partitions the hall into a private wing with several sections on two levels, and an open living area that allows the exceptional spatial and window dimensions to be experienced. Differently shaped apertures were composed into those wall areas, some of which can be closed by sliding walls. The large surfaces on the one hand and the limited budget on the other also required unconventional solutions with respect to the choice of materials. So raw, industrial materials were mainly used: untreated pitch-pine boardwork, plaster for walls, aluminium sheeting and cement-bound chipboards for the wet room. The crane track was preserved and the 100 year-old gas lamps were refitted and reassembled.

Planung, Ausführung / Planning, construction: 1998

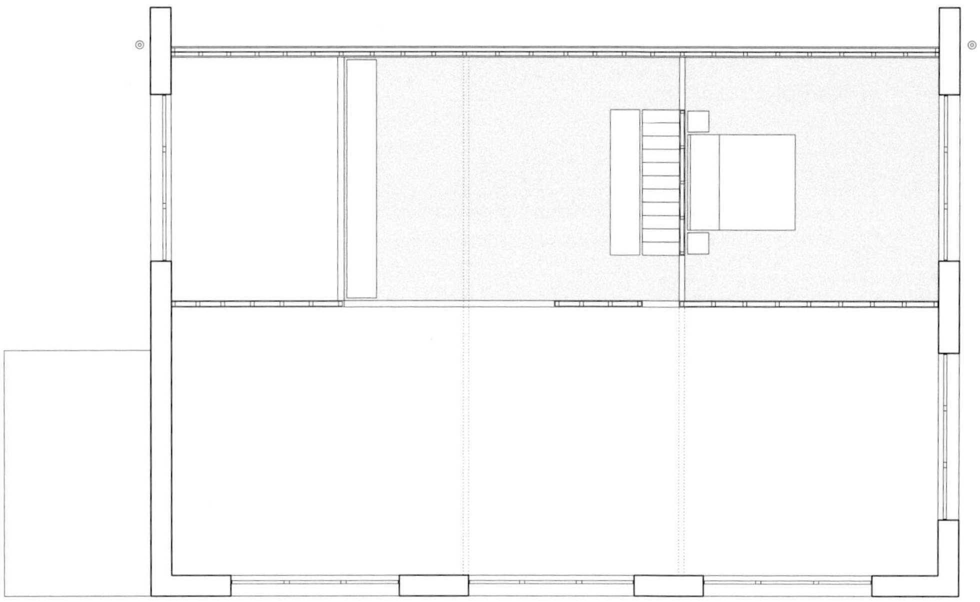

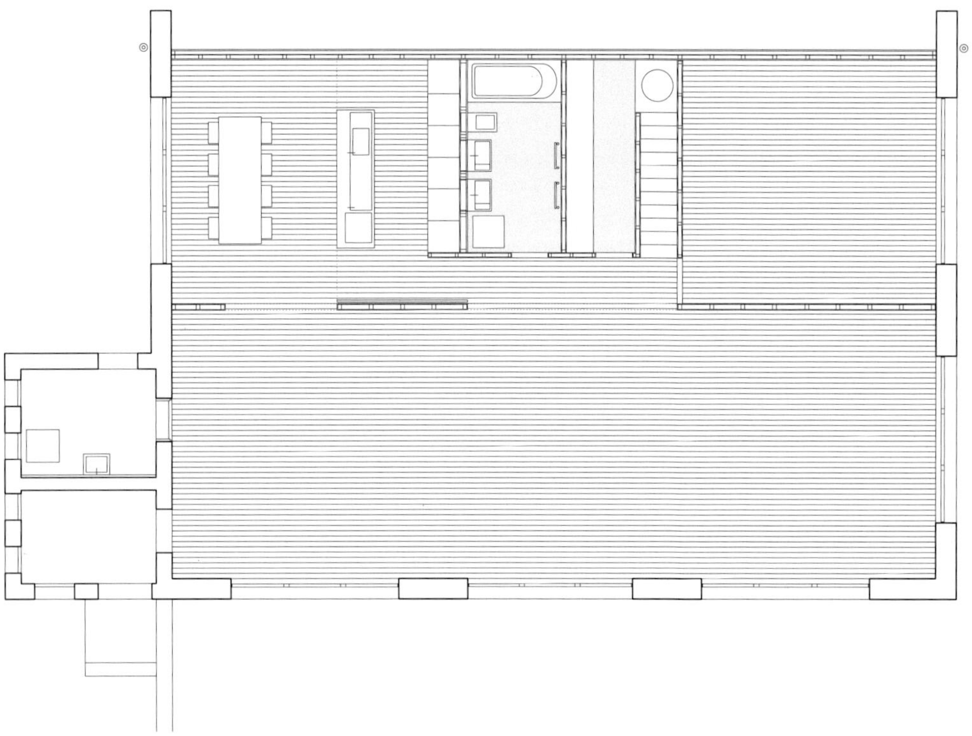

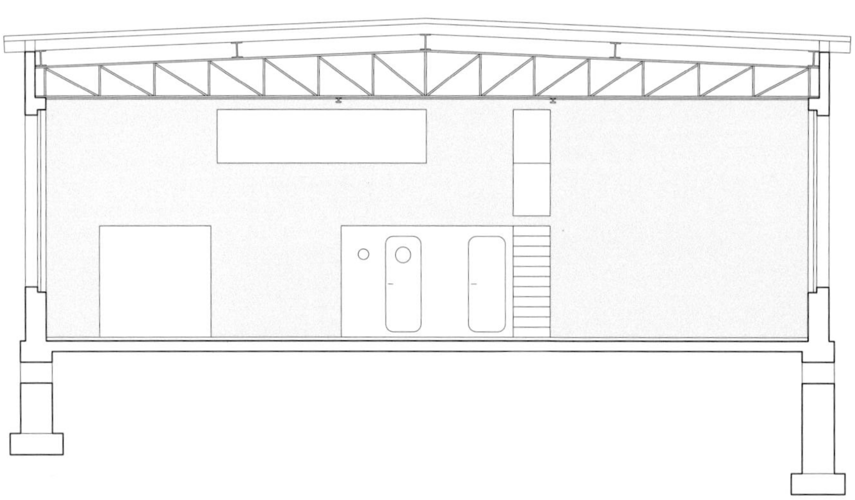

3 m

Gemeindehaus, Bronschhofen

Obwohl direkt an der Verbindungsstrasse zwischen Wil und Bronschhofen gelegen, wird die neue Gemeindeverwaltung sofort als öffentliches Gebäude wahrgenommen. Das wird einerseits durch die Lage des quadratischen Baukörpers erreicht, andererseits durch seine Farbgebung. Das neue Gebäude hebt sich vom umliegenden Wohnviertel ab, nimmt aber trotzdem die einheitliche Massstäblichkeit der ansonsten heterogenen Bebauung auf. Es steht auf einem leicht erhöhten Sockel und verleiht dem Gemeindehaus so, seiner öffentlichen Funktion entsprechend, einen gestalteten Vorplatz.
Über den grosszügigen Windfang betreten die Kunden eine offene dreigeschossige Schalterhalle mit Blick auf die umlaufenden Galerien. Es entsteht ein interessantes Wechselspiel aus niedrigen und hohen Räumen und damit ein überraschendes Raumerlebnis. Ein präzise gesetztes Oberlicht bringt zenitales Licht ins Haus und betont die Schalterbereiche. Auf jedem Geschoss befindet sich je eine Amtsstelle. Die Arbeitsbereiche sind frei unterteilbar, was eine grosse Flexibilität gewährleistet. Die peripher angeordnete Vertikalerschliessung kann auch autonom für die geforderte Erweiterung in einem Zusatzgeschoss genutzt werden. Die öffentliche Funktion des Gebäudes wird durch die transparente Gebäudehülle aus Glas und Metall verdeutlicht, die ihm eine zurückhaltende Eleganz verleiht. Die versetzte Anordnung der raumhohen Fenster erzeugt ein rhythmisches Spiel. Im Innern kontrastiert der rohe Sichtbeton der tragenden Wände und Stützen mit den veredelten Elementbauwänden, den Metalldecken und dem farbig gegossenen Bodenbelag.

Municipal Building, Bronschhofen

Although situated directly on the connecting street between Wil and Bronschhofen, the new administrative offices are immediately perceived as a public building. That is achieved through the location of the square building volume and its colour design. The new building contrasts with the surrounding residential quarter, but nevertheless assumes the uniform scale of the otherwise heterogeneous development. The municipal building has a raised base, giving it a designed forecourt that is appropriate to its public function.
Passing through a large porch, customers enter an open, three-storey reception hall with a view of the surrounding galleries. An exciting interplay ensues between low and high rooms, creating a surprising spatial experience. A precisely positioned skylight provides the building with central light and emphasises the reception areas. There is a public authority office on each floor. The office areas can be freely partitioned, guaranteeing a high degree of flexibility. The peripherally positioned vertical accesses can also be used autonomously for the planned extension to serve an additional floor. The building's public function is highlighted by the transparent building shell made of glass and metal, giving it a reserved elegance. The offset alignment of the room-high windows generates a rhythmic interplay. Inside, the raw fair-faced concrete of the load-bearing walls contrasts with the refined prefabricated walls, the metal ceilings and the colourful cast flooring.

Projektwettbewerb im offenen Verfahren / Open competition: 2004, 1. Preis (Ankauf) / 1st prize (acquisition)
Planung, Ausführung / Planning, construction: 2005–2007
Bauherrschaft/Client: Politische Gemeinde Bronschhofen
Mitarbeit/Collaboration: Semih Açil, Christine Diewitz-Jäger, Clemens Dudli, Michelle Kamm, Marcel Tschirky
Bauingenieur / Structural engineer: Wagner Brühwiler und Marcel Nobel, Wil
Landschaftsarchitektur / Landscape architecture: Peter Heppelmann, St. Gallen
Farbkonzept mit / Colour design with Hugo Borner, St. Gallen

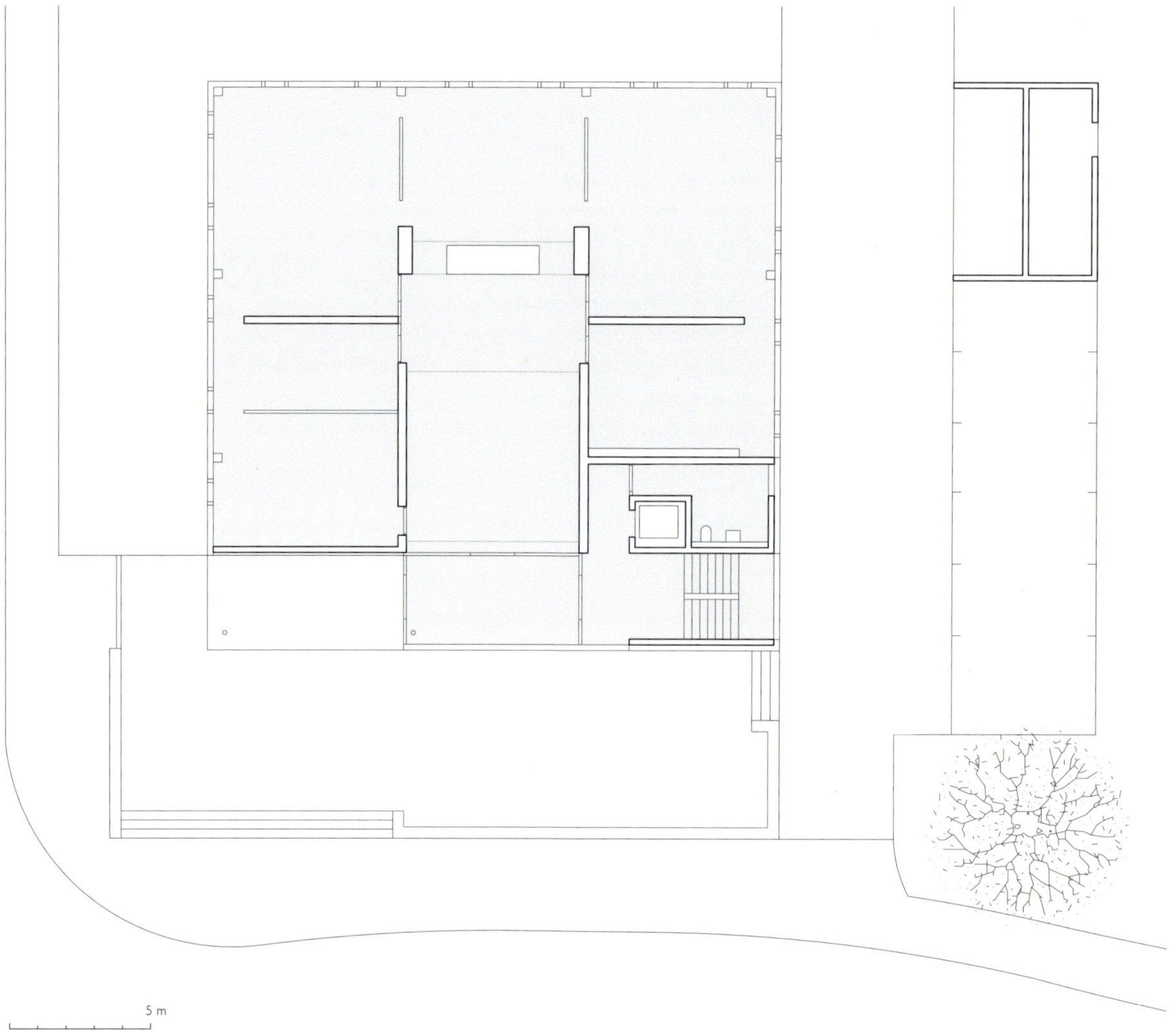
5 m

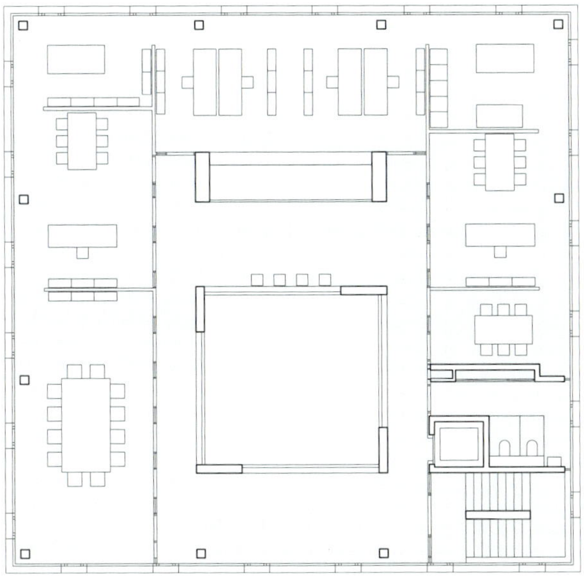

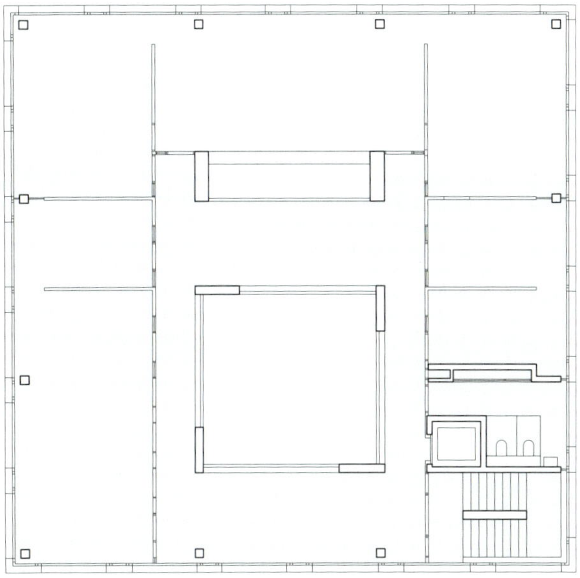

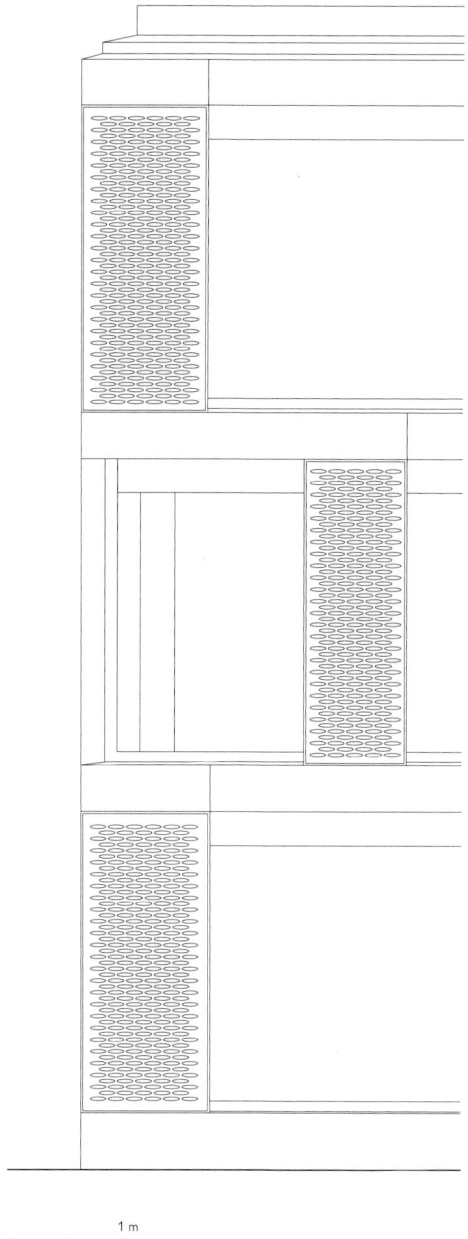
1 m

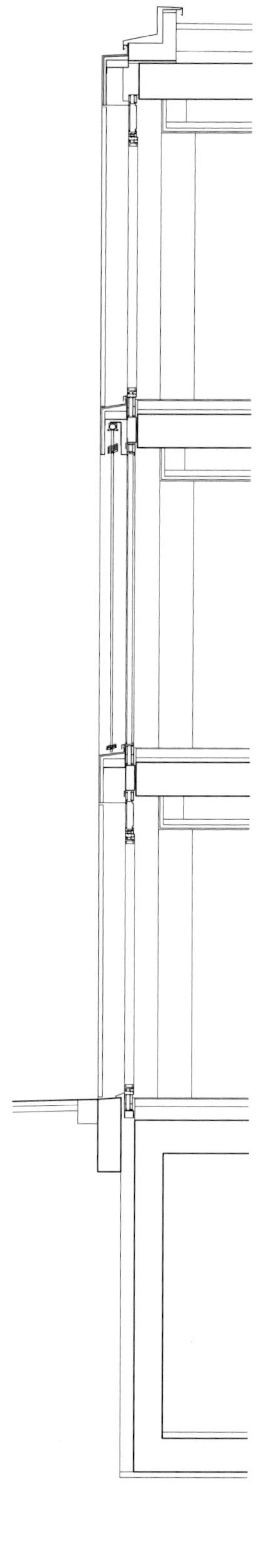

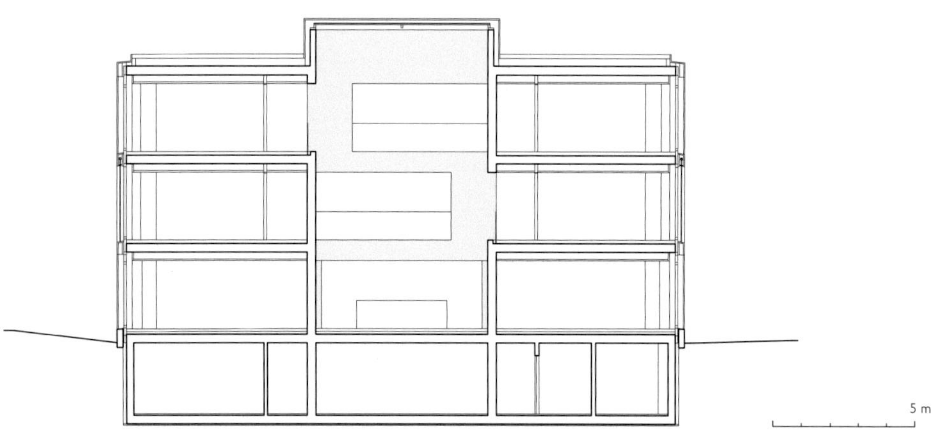
5 m

Wohn- und Pflegeheim, Flawil

Der lang gezogene, parallel zur Krankenhausstrasse liegende Baukörper des Wohn- und Pflegeheims verbindet in seiner inneren und äusseren Disposition den Spitalpark mit der gewachsenen Dorfstruktur und ist gleichzeitig an das bestehende Wohn- und Pflegeheim sowie an die Spitalküche angebunden. Er fügt sich mit dem Kantonalen Spital, dem bestehenden Pflegeheim-Osttrakt, der Kirche und den Wohnbauten an der Krankenhausstrasse sehr gut in das Gesamtensemble ein.

Der Zugang zum Wohn- und Pflegeheim und die allgemeinen Räumlichkeiten befinden sich am Kopf des Baukörpers, dem Dorf zugewandt. Auch die Wohnungen für betreutes Wohnen werden von dort aus erschlossen. Der grosse Speisesaal und der Freizeitraum sowie die den Stationen zugehörigen Essräume sind mit den dazugehörigen Aussensitzplätzen zum Park hin ausgerichtet. Der markante Abstand des Gebäudes zur Krankenhausstrasse bietet den Bewohnern die nötige private Atmosphäre und Ruhe.

Die zwei Stationen mit je 30 Zimmern im 1. und 2. Obergeschoss sind gegen Osten oder Westen orientiert. Dadurch bieten sich den Bewohnern Einblicke in das Quartier und in den Park. Das gilt sowohl für die Erschliessungsbereiche als auch für die Zimmer. Durch die grosszügig dimensionierten Fenster in sämtlichen Zimmern und Aufenthaltsbereichen verbinden sich Aussen- und Innenraum. Es entstehen so verschiedene Bereiche des Verweilens und der Kommunikation, die den Kontakt zwischen Heim und Umwelt fördern.

Die bereits im Wettbewerb vorgesehene Aufstockung für die Beherbergung einer Demenzabteilung wurde inzwischen durch ein anderes Architekturbüro ausgeführt.

Residential and Nursing Home, Flawil

The elongated residential and nursing building situated parallel to Krankenhausstrasse has an interior and exterior disposition that combines the hospital park with the organically grown town structure, while being connected to the existing residential and nursing home, as well as the hospital canteen. It is very well integrated into the overall ensemble including the Cantonal Hospital, the existing east wing for the nursing home, the church and the residential buildings along Krankenhausstrasse.

Access to the residential and nursing home, as well as the general rooms, is provided at the front of the building, which faces the village. Apartments for assisted living are also accessed from there. The large dining hall and leisure room, as well as dining rooms for specific wards, are aligned towards the park and respectively allocated benches. The striking distance of the building from Krankenhausstrasse provides the residents with the necessary private atmosphere and peace.

The two wards each have 30 rooms on the 1st and 2nd floors and are oriented towards the east or west. Residents therefore have views into the quarter and the park. That applies both to the accessing areas and the rooms themselves. The large windows in all rooms and common rooms connect the exterior and interior spaces. In this way, various gathering and communication areas have been created, encouraging contact between the home and the environment.

The extension to accommodate dementia patients, which was already planned in the original competition, has in the meantime been implemented by the architectural office.

Projektwettbewerb im offenen Verfahren / Open competition: 2002, 1. Preis / 1st prize
Planung, Ausführung / Planning, construction: 2005–2007
Bauherrschaft/Client: Politische Gemeinde Flawil
Mitarbeit/Collaboration: Gazmend Imeri, Manuela Keller, Preza Pajkic
Bauingenieur / Structural engineer: Baumgartner Statik, Flawil
Landschaftsarchitektur / Landscape architecture: Martin Klauser, Rorschach
Farbkonzept mit / Colour design with Hugo Borner, St. Gallen

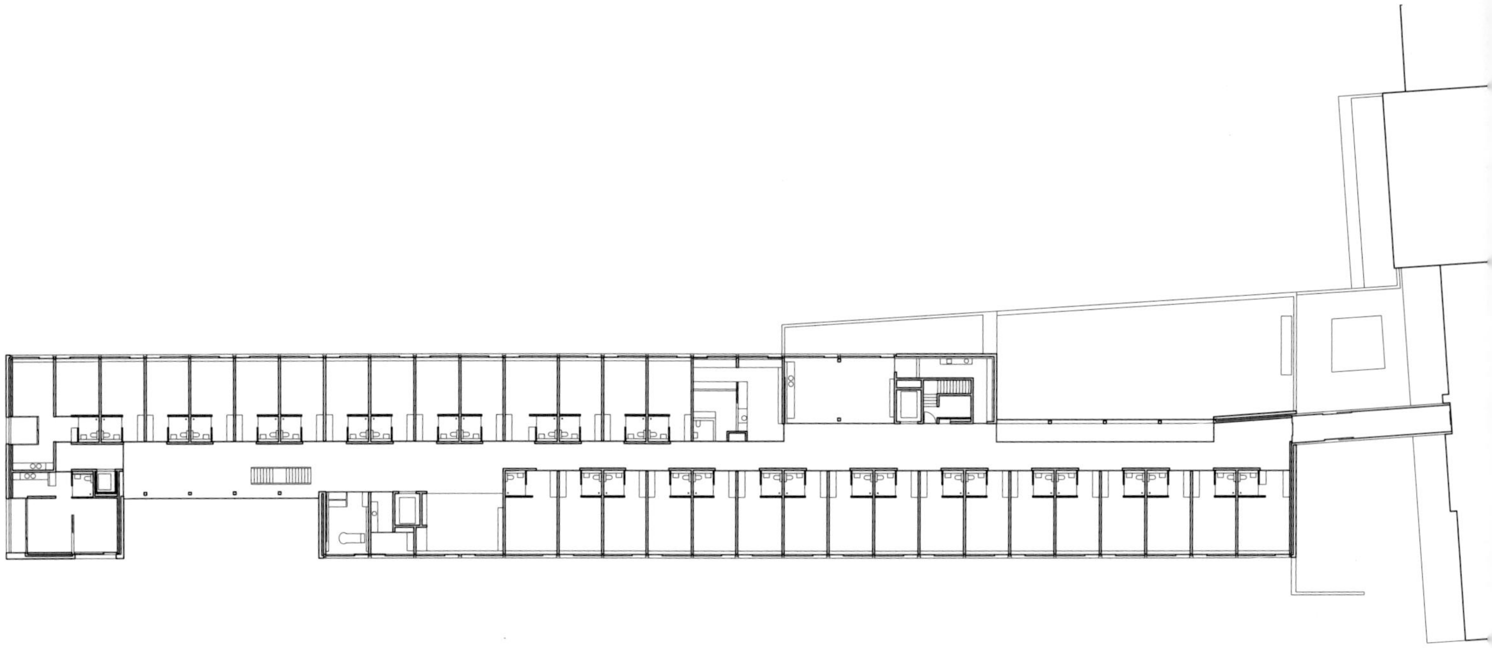

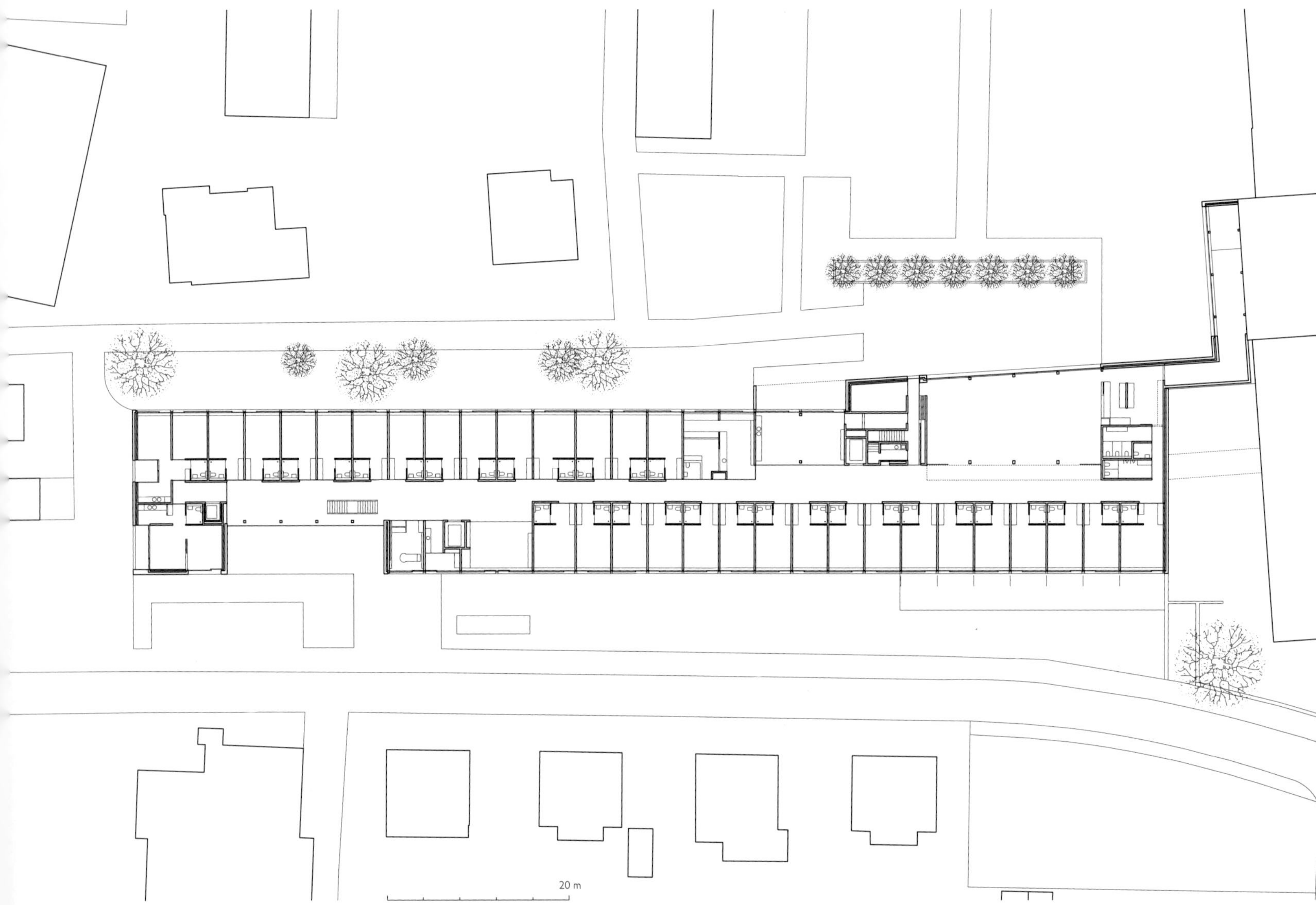
20 m

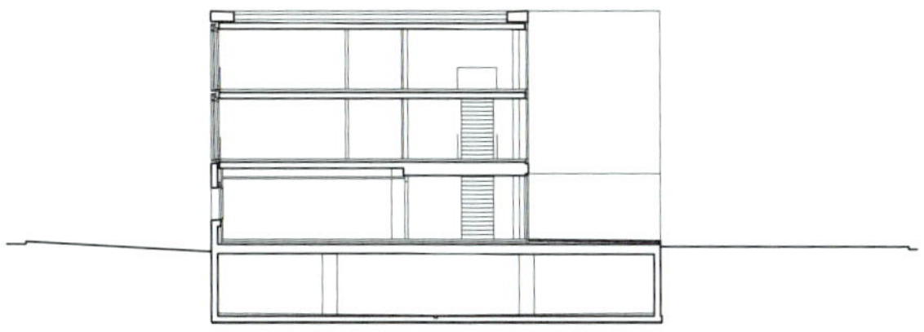

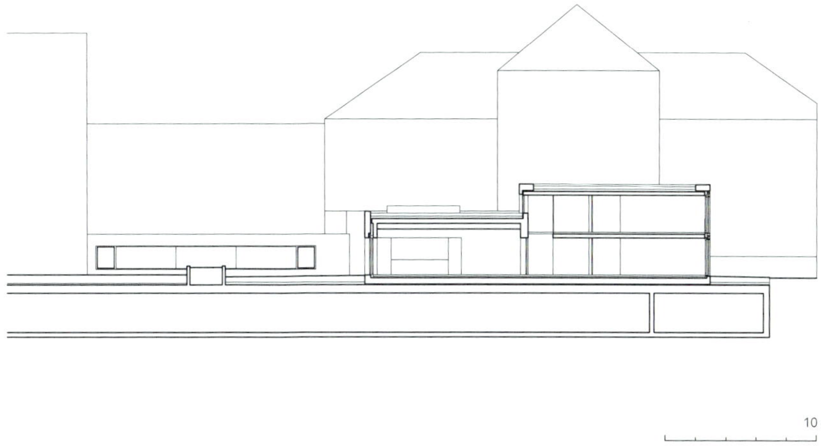
10 m

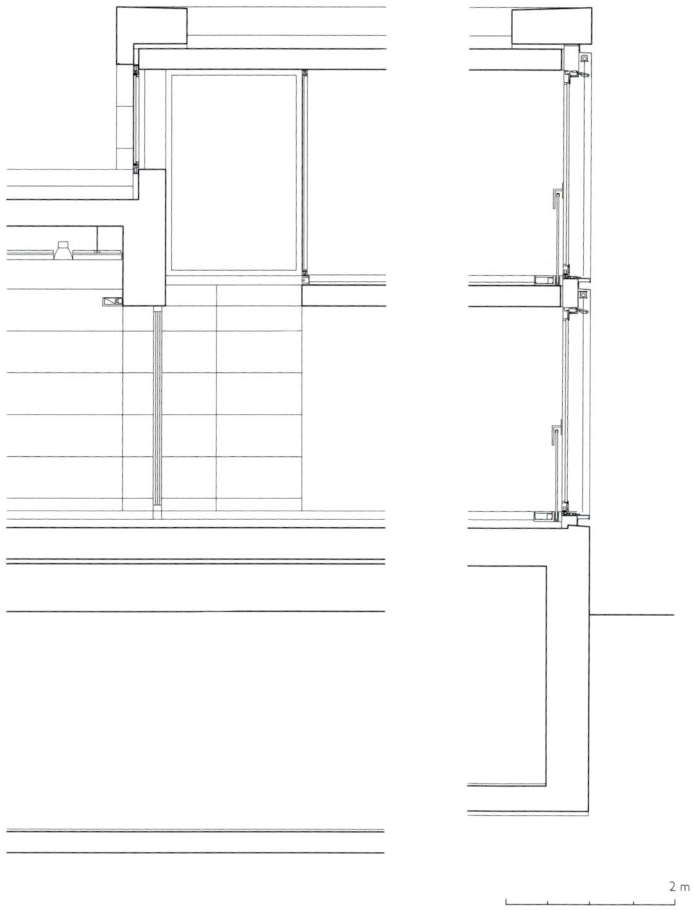
2 m

Dreifachsporthalle Seeblick, Mörschwil

(Text von Gerhard Mack, Jurybericht Gutes Bauen 2006–2010)
Wenn es eines Beweises bedürfte, dass auch Turnhallen architektonische Eleganz verströmen können, so wurde er hier am Ortsrand von Mörschwil drei Gehminuten von der Schule entfernt erbracht. Bereits die Proportionierung des grossen Volumens mit seinen wechselnden Bändern aus Ortbeton und Glas sorgt dafür, dass sich der flache, abgetreppte Baukörper zeichnerisch in das sanfte Hügelgelände einfügt. Hier war eine erfrischend grosszügige Geste möglich, die sich auch im Innern in einer sorgfältigen Gestaltung und klaren Materialsprache aus Beton, Glas und Holz fortsetzt.
Ein Vorplatz, den ein Radunterstand abgrenzt, führt zu dem in den Baukörper eingeschnittenen Eingangsbereich. Die Holzverkleidung der Decke macht dem Eintretenden gleich deutlich, dass die schweisstreibende Tätigkeit, die an diesem Ort verrichtet wird, nicht zur Entschuldigung dient, es an gediegener Gestaltung mangeln zu lassen. Das Foyer erstreckt sich über die ganze Länge des Gebäudes und öffnet sich mit seiner durchgehenden Glasfront zu den benachbarten Obstwiesen. Eine gläserne Trennwand macht den hinteren Teil für Vereine und Schulungen nutzbar. Frei stehende Kuben aus Sichtbeton, die wie Möbel in den Raum gestellt sind, trennen diese offene Zone von der Dreifachsporthalle ab, in die man von einer Galerie hinunterschauen kann.
Dominierte aussen und im Foyer Sichtbeton, so weist die Halle nicht nur eine Dachkonstruktion aus Fichte auf, sie ist auch an den Wänden ganz mit Holz ausgekleidet. Hier befindet man sich im Herzstück des Gebäudes. Auf der Hallenebene sind unter dem Foyerbereich ausfahrbare Seitentribünen und die Garderobenräume untergebracht. Ihre Gestaltung in knalligem Grün, Gelb, Orange und Blau wirkt dem Kellergefühl entgegen und hebt sie auf poppige Art von der gediegenen Halle ab.

Seeblick Triple Sports Hall, Mörschwil

(Text by Gerhard Mack, Jury Report Gutes Bauen 2006–2010)
Anyone looking for evidence that even sports halls can exude architectural elegance should look no further than the outskirts of Mörschwil, three minutes by foot away from the school. The proportions of the large volume, with its alternating bands of in-situ cast concrete and glass, ensure that the flat, stepped building is artistically inserted into the gently rolling hills. A refreshingly generous gesture was possible here, which also continues in the interior with careful design and a clear language of materials, using concrete, glass and wood.
A forecourt that delineates the bicycle shelter leads to the entrance area incised into the building. On entering, the wooden ceiling panelling makes it immediately clear that the sporting activity at the location is no reason to do without a dignified design. The foyer stretches over the entire length of the building and opens out with its glass front towards the neighbouring fruit orchards. A glass partition allows the rear section to be used by clubs and training sessions. Freestanding cubes made of fair-faced concrete, which are placed like furniture in the hall, separate the open zone from the triple sports hall, onto which one can look down from a gallery.
While fair-faced concrete dominates outside and in the foyer, the hall itself not only has a spruce ceiling structure, but also wooden cladding for all the walls. This is the building's centrepiece. Extendible stands and changing rooms are accommodated on the level of the hall. Their design in bright green, yellow, orange and blue counteracts the basement feeling and contrasts with the reserved hall in a trendy way.

Projektwettbewerb nach Präqualifikation / Project competition with prequalification: 2005, 1. Preis / 1st prize
Planung, Ausführung / Planning, construction: 2006–2010
Bauherrschaft/Client: Politische Gemeinde Mörschwil
Mitarbeit/Collaboration: Manuela Keller, Preza Pajkic, Marcel Schuster, Marcel Tschirky
Bauingenieur / Structural engineer: Grünenfelder + Lorenz, St. Gallen
Landschaftsarchitektur / Landscape architecture: Martin Klauser, Rorschach
Farbkonzept mit / Colour design with Hugo Borner, St. Gallen
Auszeichnung/Award: *Auszeichnung Gutes Bauen 2005–2010*

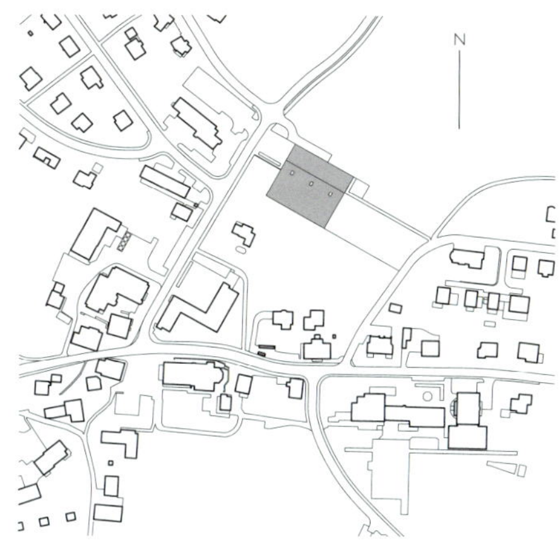

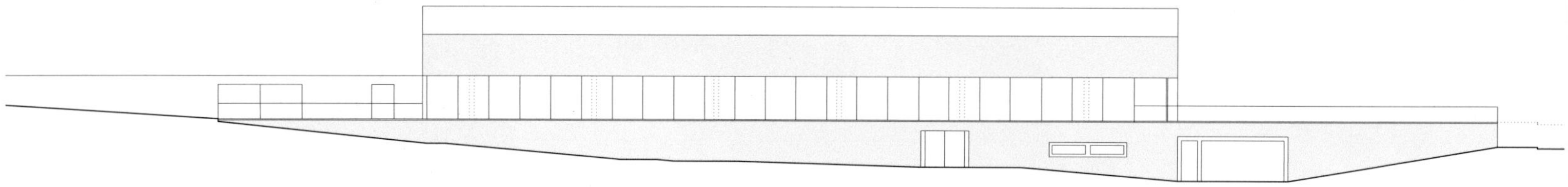

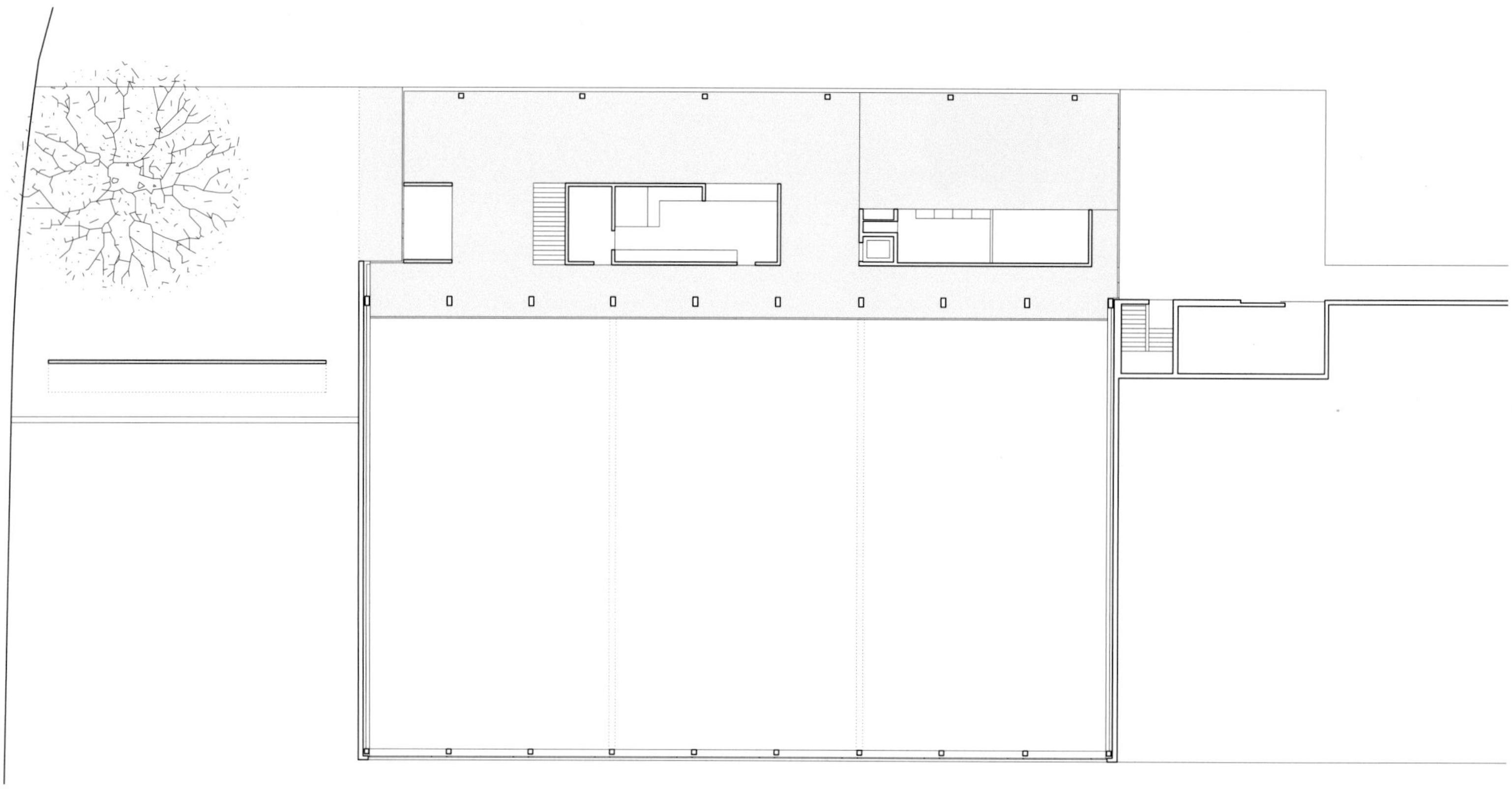

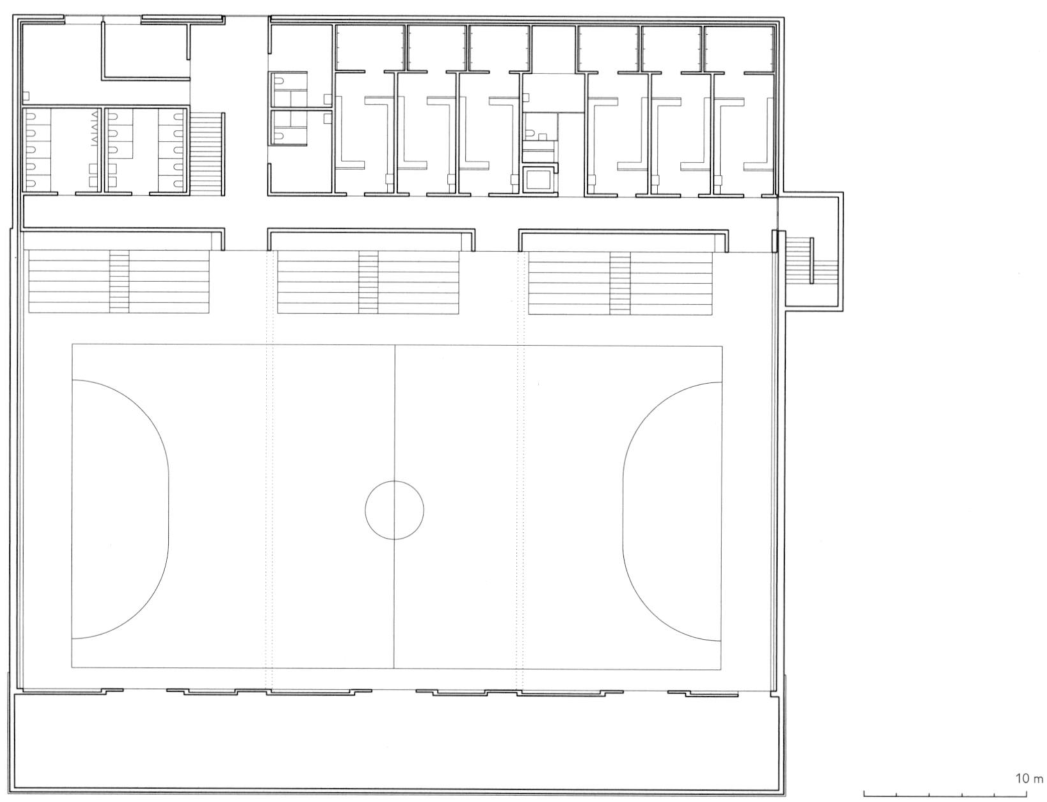
10 m

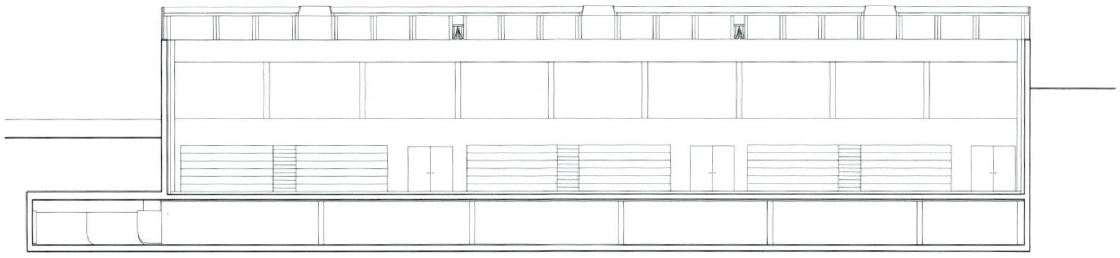

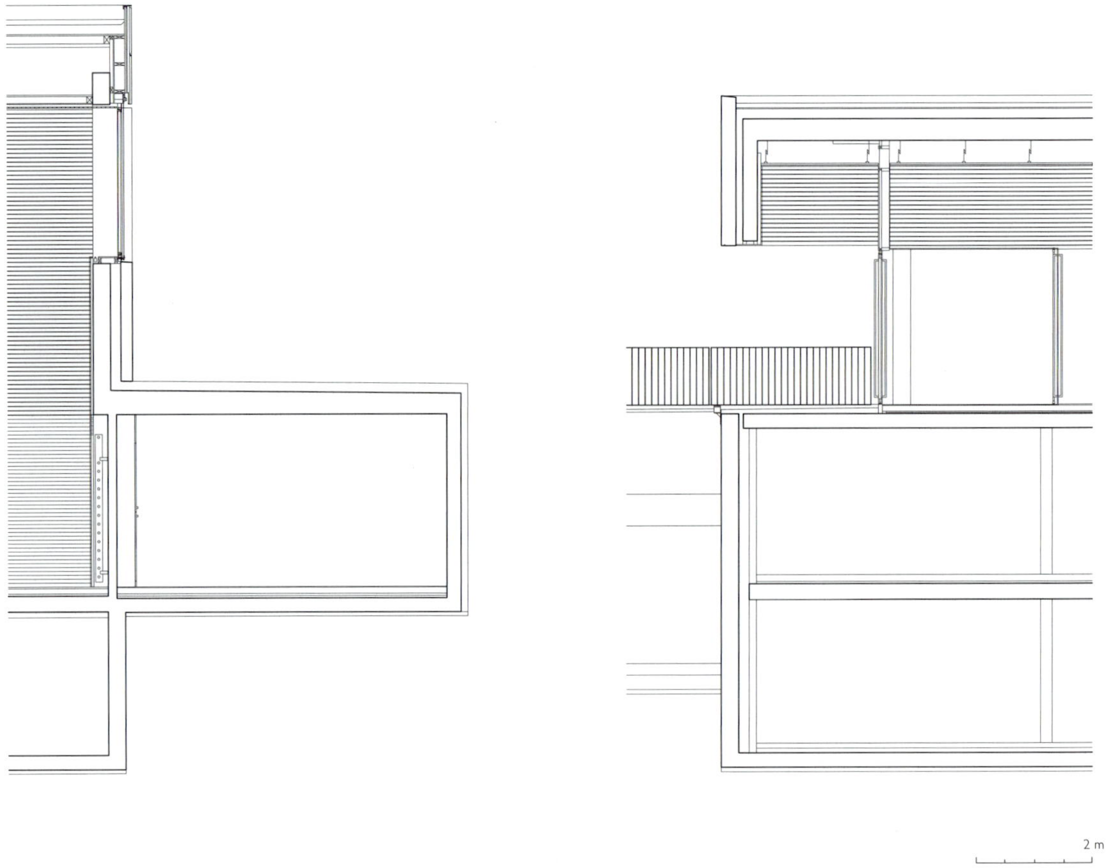
2 m

Wohnüberbauung Kammelenberg, St. Gallen

Das Gebiet liegt in einer landschaftlich reizvollen Umgebung an der Südseite des Freudenbergs. Eine geschützte Hecke unterteilt den Hang in zwei Bereiche.
Grundsätzlich werden für die neue Überbauung das Bebauungsmuster und die Siedlungsform der zwischen 1971 und 1980 erstellten, national beachteten Überbauung des Architekturbüros Danzeisen & Voser übernommen und bis zum Waldstück Geissbüel weitergeführt, das heisst, zwischen Kammelenbergstrasse und Tutilostrasse wird die bestehende Einfamilienhaussiedlung in ihrer Dichte und ihrem aussenräumlichen Charakter weitergewoben. Die Anordnung der einzelnen Gebäude, Terrassen und Gärten in ihrer Höhenlage und Situierung zueinander erlaubt eine hohe bauliche Dichte und gewährt einerseits Ausblick und andererseits Privatheit.
Der labyrinthartige Charakter der Erschliessung in der bestehenden Siedlung mit den typischen Betonmauern wird in vereinfachter Form aufgegriffen und weitergeführt. Prägendes Element der Anlage ist der Sichtbeton, woraus sämtliche Aussenmauern, die Umfassungen der Gärten sowie die Wände der Gassen gegossen sind. Der in sich geschlossene Charakter der Siedlung erinnert an mediterrane Dörfer; die Geometrie der Gassen wird durch Engpässe und Ausbuchtungen bestimmt, die sich in der Mitte der Siedlung zu einem kleinen Platz weiten. Innerhalb dieser Mauern können sich die Einfamilienhäuser individuell entwickeln. Einzig Höhe, Flachdach sowie eine maximale Grundform (Hüllvolumen) werden vorgegeben. Verschiedene Zugangsvarianten zu den Parzellen auf zwei Ebenen sowie unterschiedliche Terrassierungsmöglichkeiten des Aussenraums ermöglichen verschiedenartige, individuelle Einfamilienhauskonzepte.
Die Bebauung unterhalb der Hecke wurde auf der Basis unseres Masterplans durch eine andere Bauträgerschaft ausgeführt. Die zehn Häuser oberhalb der Hecke wurden durch uns projektiert und ausgeführt.

Kammelenberg Residental Development, St. Gallen

The area is situated in an attractive countryside on the southern slope of the Freudenberg hill. A protected hedge divides it into two areas.
In principle, the development plan and settlement form of the nationally renowned development by the architectural office Danzeisen & Voser, which was built between 1971 and 1980, are assumed for the new development. It is extended until the Geissbüel woodland area, i.e. the density of the existing single-family home settlement, as well as its exterior character, is continued between Kammelenbergstrasse and Tutilostrasse. The order of the individual buildings, terraces and gardens with respect to their elevation and situation towards each other allows a high degree of development density, providing both views and privacy.
The labyrinthine character of the accesses in the existing settlement, with typical concrete walls, is picked up on in a simplified form and retained. A hallmark element of the estate is the fair-faced concrete, which is used for all the exterior walls, garden perimeters and pathway walls. The self-contained character of the settlement is reminiscent of Mediterranean villages since the geometry of the alleys is determined by constrictions and bulges that widen at the settlement's centre to create a small square. The single-family homes can develop individually within those walls. Only the height, the flat roofs and a maximum ground plan (shell volume) are stipulated. Different accessing varieties for the plots on two levels, as well as varying terracing possibilities for the exterior space create a diverse range of individual single-family home concepts.
Development beneath the hedge was carried out on the basis of our master plan by other developers. The ten buildings above the hedge were planned and implemented by us.

Studienauftrag: 2003, 1. Preis / 1st prize
Planung, Ausführung / Planning, construction: 2008–2011
Bauherrschaft/Client: Jubagimmo, St. Gallen
Mitarbeit/Collaboration: Daniel Bühler, Mathias Kleinert, Gazmend Imeri, Manuela Keller, Preza Pajkic
Bauingenieur / Structural engineer: SJB Kempter Fitze, Gossau
Landschaftsarchitektur / Landscape architecture: Tobias Pauli, St. Gallen
GU, Ausführung / Construction: Priora AG, St. Gallen
Farbkonzept mit / Colour design with Hugo Borner, St. Gallen

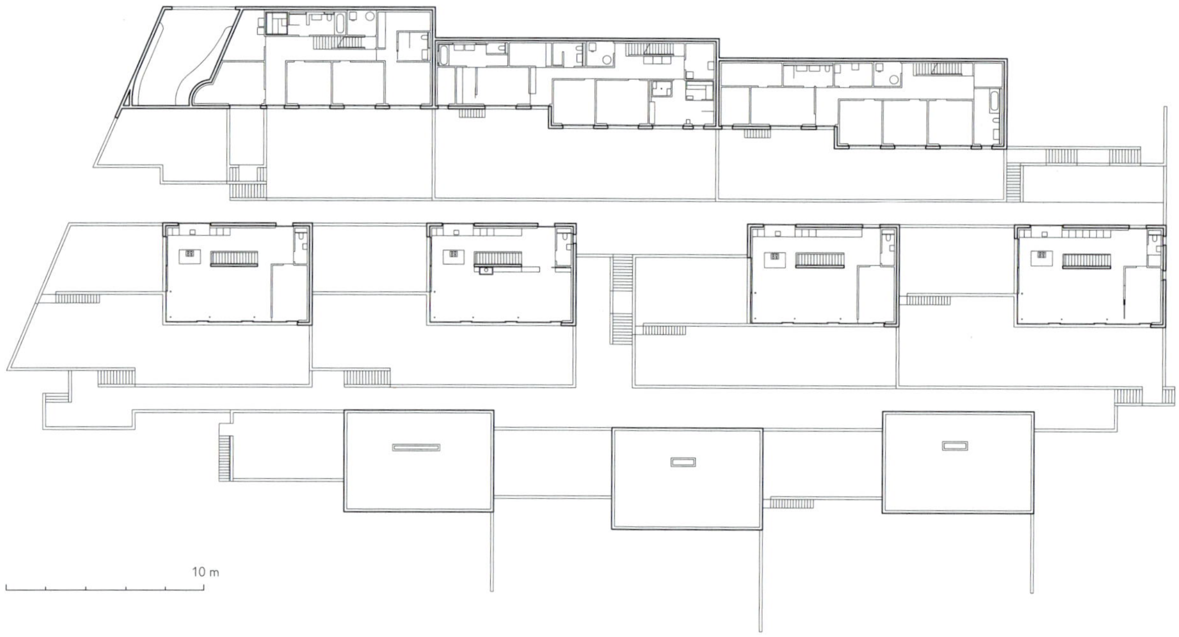
10 m

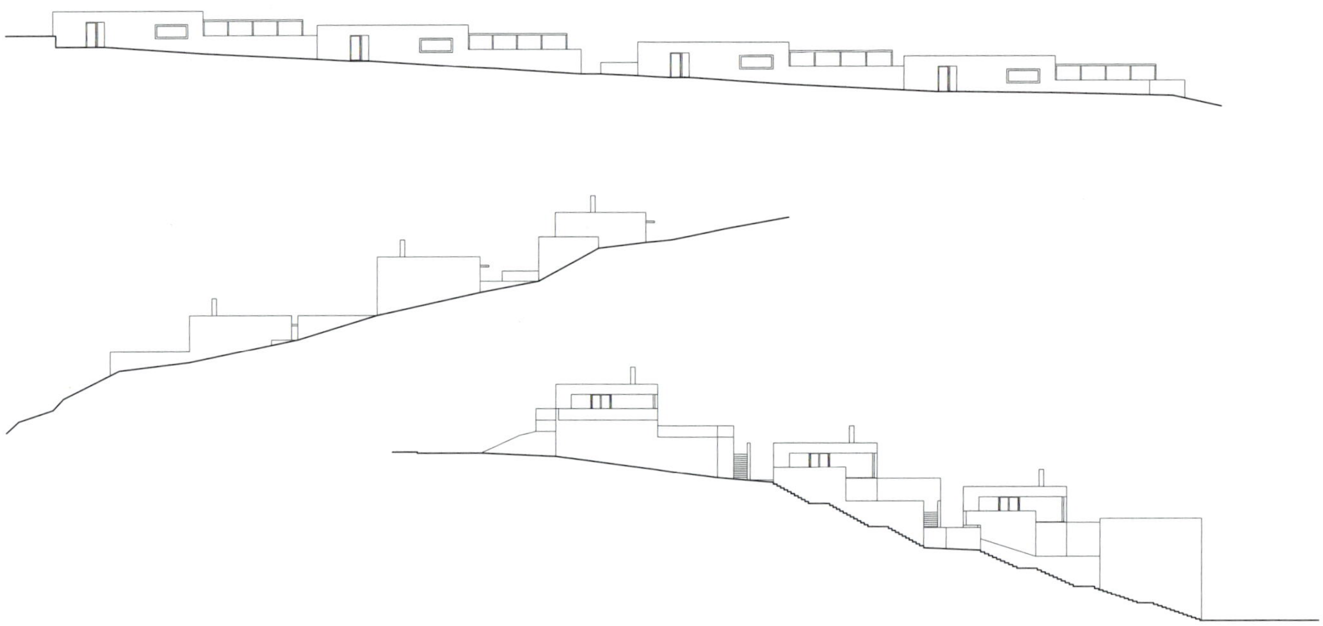

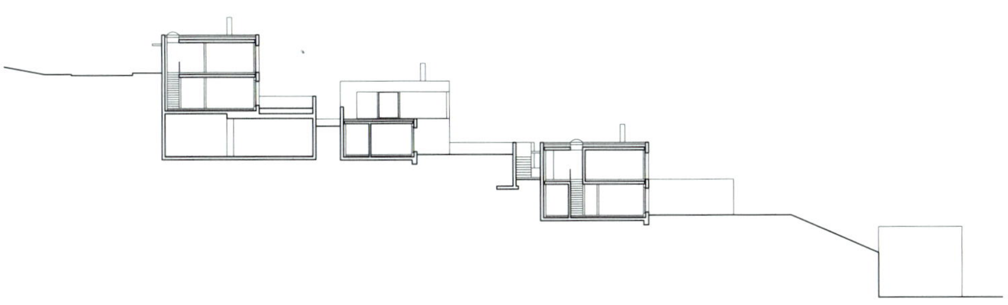

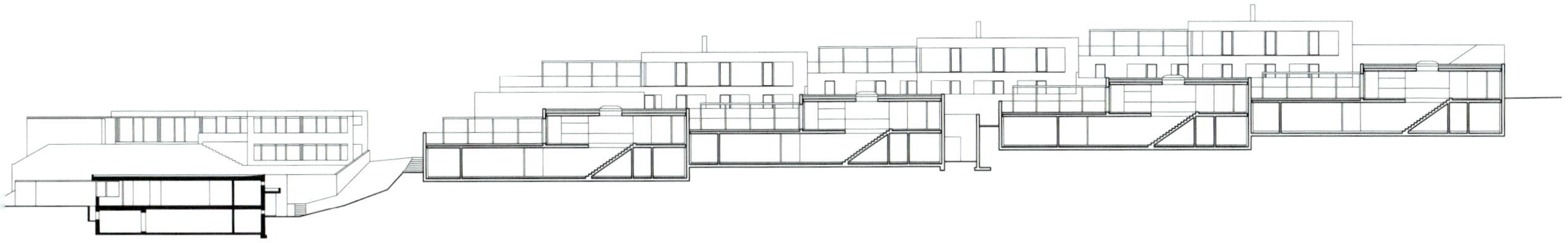

Wohnpark Laubwiesen, Frauenfeld

Das Baugebiet befindet sich im Westen des Stadtzentrums von Frauenfeld auf einem ehemaligen Fabrikgelände, umschlossen von der Laubgasse im Osten, der Oberwiesenstrasse im Norden und dem Birkenweg im Westen. Im Süden grenzt die SBB-Bahnlinie an das Grundstück. Das ehemalige Fabrikgebäude Baumer und die dazugehörende Fabrikantenvilla Linquenda bleiben als Zeitzeugen erhalten und schaffen spannende Situationen zwischen Alt und Neu.

Die neue Wohnbebauung mit 135 Mietwohnungen im mittleren Preissegment, in Grössen von zweieinhalb bis fünfeinhalb Zimmern, ist gut erschlossen, an das öffentliche Verkehrsnetz angebunden und befindet sich in einem bestehenden Wohngebiet. Dieses durchgrünte Wohnareal wird durch eine neue Wohntypologie ergänzt und quartierverträglich verdichtet. Ein kompakter Baukörper begrenzt nördlich das Areal zur Oberwiesenstrasse und steht in Ausrichtung und Stellung in direktem Bezug zum alten Fabrikgebäude. In der Arealtiefe sind drei lang gezogene, leicht abgewinkelte Wohnzeilen zueinander versetzt angeordnet. Volumetrisch orientieren sie sich am Fabrikgebäude.

Diese ortsbauliche Disposition der Bauten generiert eine Durchlässigkeit in Ost-West-Richtung und grosszügige, ganztägig besonnte, «fliessende» Aussenräume zwischen den Bauzeilen. Die Baukörper sind leicht vom Boden abgehoben, was den optischen Durchfluss verstärkt. Zusammen mit der Fabrik und der Villa bilden sie ein Ensemble mit sich öffnenden und schliessenden Aussenbereichen unterschiedlicher räumlicher Dichte. Ein peripher angeordneter Platz mit schattenspendenden Bäumen und einem Pavillon dient als sozialer Treffpunkt, der vielfältig gestaltet und bespielt werden kann. Die den Häuserzeilen vorgelagerten platzartigen Erschliessungszonen eignen sich auch als den Häusern zugeordnete Begegnungs- und Spielbereiche. Einzelbäume, Baumgruppen und kleinräumliche Strukturen (Hecken, Bambus, Schilf etc.) gliedern die Räume zwischen den Gebäuden und ergeben ein parkartiges Flair.

Die schmalen Stirnseiten der Häuserzeilen nehmen die Proportionen der angrenzenden Bauten auf und vermitteln, ortsbaulich angemessen, zu den umliegenden Bauten. Die Wohnungen verfügen über grosszügige eingezogene Balkone Richtung Süden, durchgehende Wohn-/Essbereiche und freie zweiseitige Aussichten in die Umgebung. Die Fassadengestaltung wird von den Materialien Holz, Beton und Glas geprägt. Für die geschlossenen Partien zwischen den raumhohen Verglasungen sind vertikale Holzverschalungen vorgesehen. Vorgehängte Betonelemente zeichnen den Verlauf der Decken nach und gliedern die Gebäude in der Horizontalen.

Laubwiesen Residential Estate, Frauenfeld

The building site is situated west of the town centre of Frauenfeld on a former industrial estate and is surrounded by Laubgasse to the east, Oberwiesenstrasse to the north and Birkenweg to the west. The SBB railway line runs along the estate's southern perimeter. The former Baumer factory building and the accompanying "Linquenda" merchant's villa remain as historical evidence and create an exciting relationship between old and new.

The new residential development with 135 rented apartments in the mid-price sector, with sizes of between 2.5 to 5.5 rooms, has good access, is connected to the public transport system and is situated in an existing residential quarter. The green residential area is complemented by a new living typology and condensed in a way that is compatible with the quarter. A compact building forms the estate's northern perimeter along Oberwiesenstrasse, with an alignment and position that creates a direct relationship with the old factory building. Three elongated, slightly angled apartment rows are aligned deeper into the estate in a gently staggered rhythm. Their volumetrics are oriented by the factory building.

That locally determined disposition creates a transparency in an east-west direction and large, flowing exterior spaces with all-day sunlight between the apartment rows. The buildings are slightly elevated from the ground, thereby strengthening the visual effect of permeability. Together with the factory and the villa, they form an ensemble with opening and closing exterior spaces with contrasting spatial density. A peripherally aligned square with shady trees and a pavilion serve as a social meeting place, which can be designed and used in a variety of ways. The forecourt-like accessing zones in front of the apartment rows are also suitable as meeting and playing areas for the respective houses. Individual trees, copses and smaller elements (hedges, bamboo, reed) structure the spaces between the buildings and generate a park-like flair.

The narrow gable end of the rows of houses pick up on the proportions of the neighbouring buildings and mediate with the surrounding houses in a way that is appropriate to the local architecture. The apartments have large, retracted balconies facing the south, continuous living/dining areas and free, double-sided views of the surrounding environment. The façade design is dominated by the materials wood, concrete and glass. Vertical wood panelling is used for the closed sections between the room-high glazing. Suspended concrete elements follow the lines of the ceilings and give the buildings their horizontal structure.

Studienauftrag / Contracted study:
2012, 1. Preis / 1st prize
Planung, Ausführung / Planning, construction: 2013–2016
Bauherrschaft/Client: GRS Invest AG, Wil
Mitarbeit/Collaboration: Ali Gündüz, Reto Lanker, Manuela Keller
Landschaftsarchitektur / Landscape architecture: Martin Klauser, Rorschach; Paul Rutishauser, Arbon

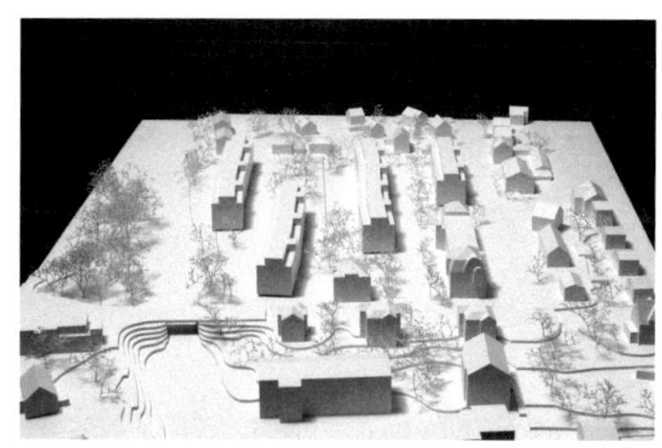

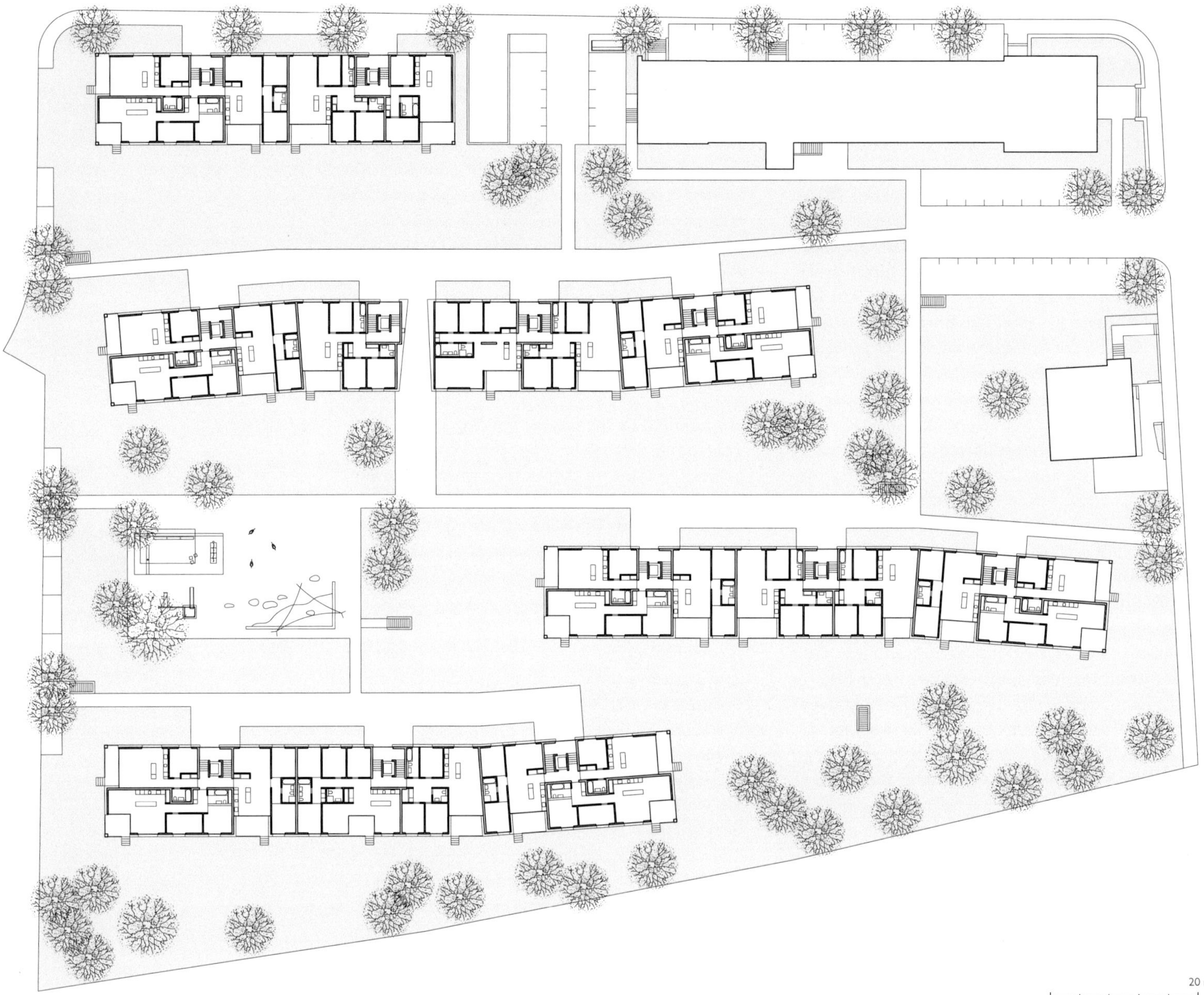
20 m

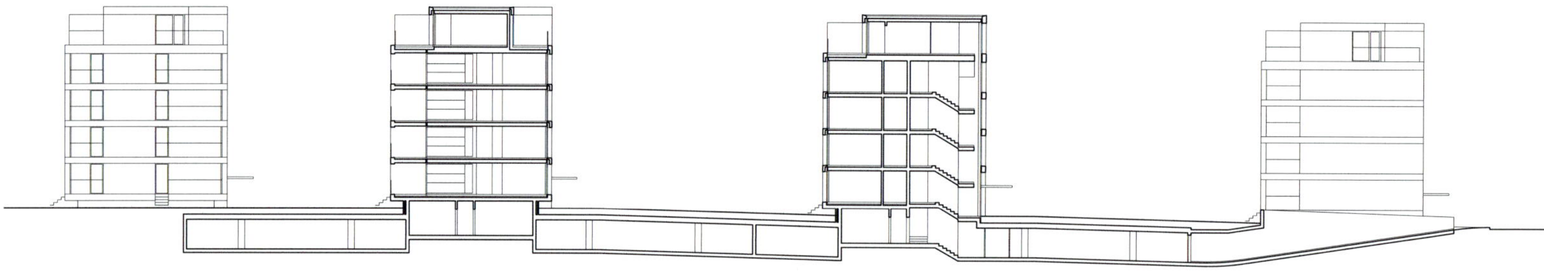

RAIFFEISEN

Raiffeisen-Beraterbank mit Wohnung, Gais

Ziel des Studienauftrags war es, einen mit den Perspektiven der Bank und den Möglichkeiten des Grundrisses korrespondierenden Umbau zu projektieren. Es galt, Ideen und Konzeptionen für die Neuinterpretation der Liegenschaft zu einem praktikablen und ästhetisch ansprechenden Bankgebäude in ganzheitlicher Betrachtungsweise zu entwickeln.
Das Gebäude liegt als letztes Glied der nördlichen Häuserzeile am Dorfplatz von Gais. Von den fünf zuammengebauten Mansardengiebelhäusern wurden nur die drei mittleren mit Reihenfenstern unmittelbar nach dem Dorfbrand von 1780 wieder aufgebaut, die zwei äusseren Häuser mit Einzelfenster und Schwenkläden wurden etwa ein Vierteljahrhundert später – wahrscheinlich von Baumeister Konrad Langenegger – über zwei an dieser Stelle abgebrannten Hofstätten errichtet.
Der Aufbau des Gebäudes in seiner Struktur ist denkbar einfach: Ein Holzstrickbau über einem massiven Sockelgeschoss, mit einer primären Vierteilung des Grundrisses, vom Erdgeschoss bis zum 2. Obergeschoss. Im Erdgeschoss befinden sich die Bankräumlichkeiten, im 1. Obergeschoss sind bankinterne Büroräume angelegt. Das 2. und 3. Obergeschoss wird weiterhin als Wohnung genutzt.
Die Liegenschaft wird von einem eigentlichen Wohnhaus in ein Wohn-/Geschäftshaus transformiert. Dies ergibt in dieser Lage am Dorfplatz auch Sinn und trägt weiter zu dessen Belebung bei. Die öffentlichen Bankräume werden vom Dorfplatz aus erschlossen. Die eher privaten Nutzungen, wie Wohnung und Büroräume, können über das 1. Obergeschoss von der Rückseite der Liegenschaft erreicht werden. Das alte Treppenhaus wurde ersetzt und die Laufrichtung der Treppe gedreht. Diese neue Anordnung der Treppe am alten Ort ermöglicht eine maximale Nutzungsflexibilität.
Die baulichen und strukturellen Eingriffe beschränken sich auf das Minimum, sodass die ursprüngliche Struktur grundsätzlich erhalten bleibt. Oberflächen wurden ergänzt und wo nötig neu bearbeitet und aufgefrischt. Die eingesetzten neuen Materialien stellen einen Bezug zur Lage und zum Bestand her. Die Fassaden wurden renoviert und neu gestrichen. Die platzseitigen, feingliedrigen Originalfenster konnten erhalten werden. Die fehlenden Schwenkläden in den drei Obergeschossen wurden neu hergestellt. Die Zugänge zu den Räumen im Erdgeschoss und zum 1. Obergeschoss sind nun behindertengerecht erschlossen. Die Beläge in den Aussenbereichen wurden gereinigt und wo nötig ergänzt. Sie orientieren sich am Gesamtkonzept der Aussenräume in der ganzen Häuserzeile mit seinen sensibel gestalteten Abstufungen und Belagsübergängen.

Raiffeisen-Beraterbank Building with Apartment, Gais

The aim of this contracted study was to produce a conversion project that combined the perspectives of the bank with the potential of the ground plan. The plan was to develop ideas and concepts for the reinterpretation of the real estate to create a viable, aesthetically attractive bank building using a holistic approach.
The building is situated on the village square of Gais and is the last object on the northern line of buildings. Of the five original mansard gable-roofed houses that were built at the same time, only the three central buildings were reconstructed immediately after the village fire in 1780. The two outer houses with individual windows and swinging shutters were built around a quarter of a century later – probably by the master builder Konrad Langenegger – on top of two farmsteads that had burnt down there.
The building has an extremely simple structure: An interlocking wooden construction on a massive basement floor, with a primary quartering of the floor plan, from the ground floor to the 2nd floor. On the ground floor, there are the public bank facilities, while the 1st floor accommodates internal bank offices. The 2nd and 3rd floors continue to be used as an apartment.
The building is actually being transformed from a residential building to a mixed residential and commercial building. That is appropriate for the location on the village square and further contributes to its enlivenment. The public bank areas are accessed from the square, while the more private uses, such as the apartment and offices, can be accessed from the 1st floor of the building's rear side. The old staircase was replaced and the stairs' running direction was rotated. This new alignment for the stairs at the old location provides maximum flexibility of use.
The building and structural measures are kept to a minimum to retain as much of the original structure as possible. Surfaces were added and where necessary treated and refreshed. The new materials refer to the location and the existing buildings. The façades were renovated and repainted. The original, finely structured windows facing the square have been preserved, while the missing swinging shutters on the three upper storeys were reproduced. The rooms on the ground and 1st floors are now wheelchair-accessible. The exterior surfaces were cleaned and renewed where necessary. They are oriented by the overall concept of the exterior spaces of the entire row of buildings, with carefully designed stepping and surface transitions.

Studienauftrag / Contracted study: 2011, 1. Preis / 1st prize
Planung, Ausführung / Planning, construction: 2012
Bauherrschaft/Client: Raiffeisenbank Appenzell
Mitarbeit/Collaboration: Dario Chiarello, Manuela Keller
Bauleitung / Construction management: Beat Eberle, St. Gallen

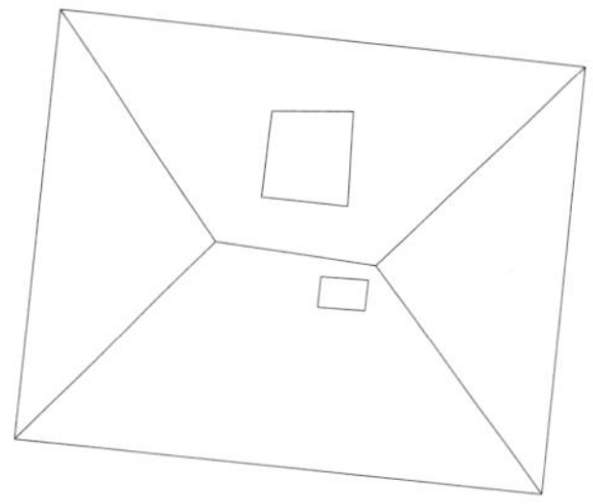

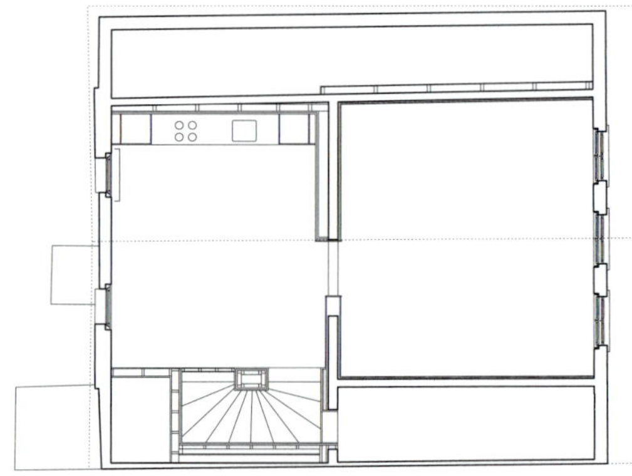

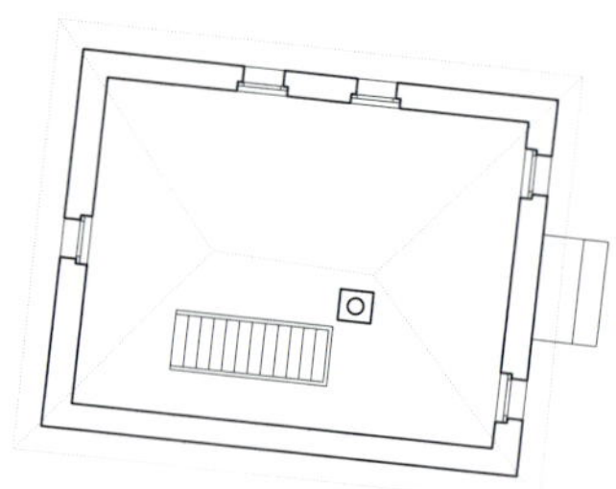

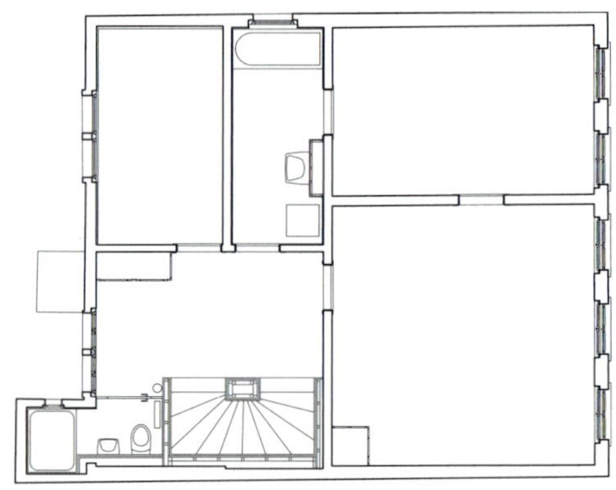

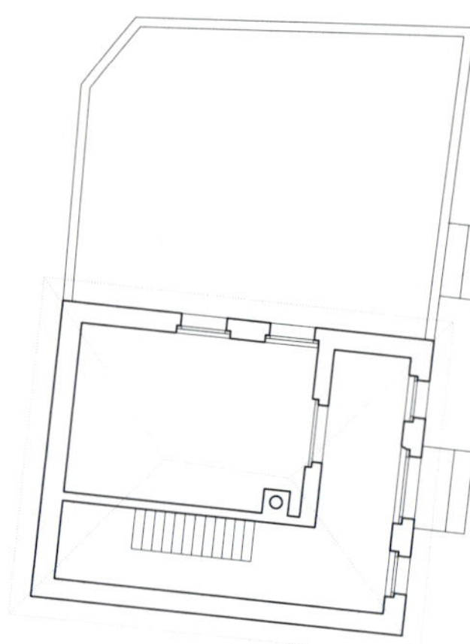

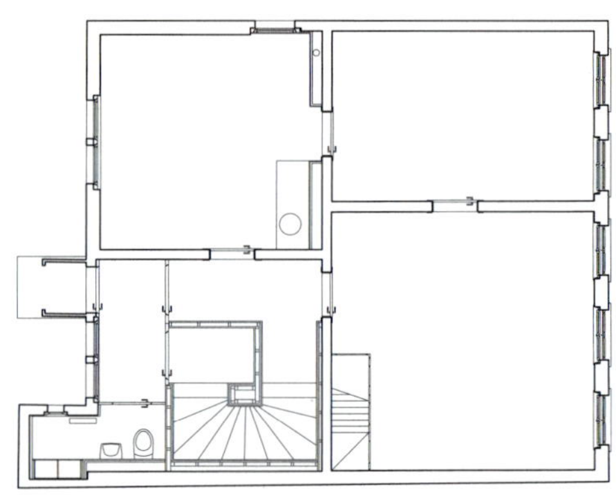

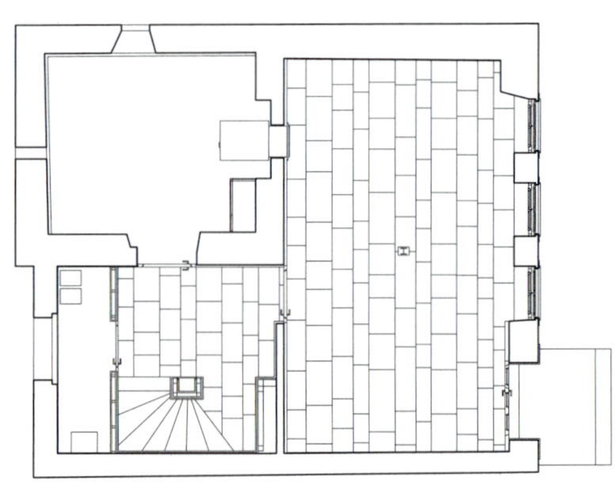

2 m

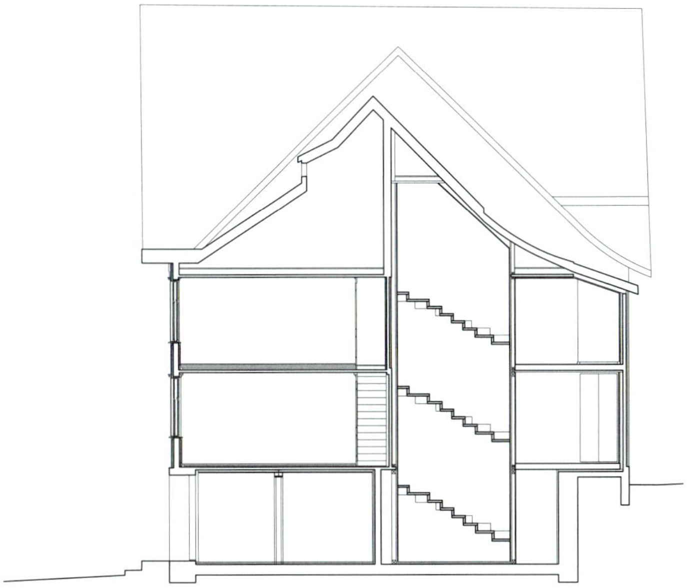

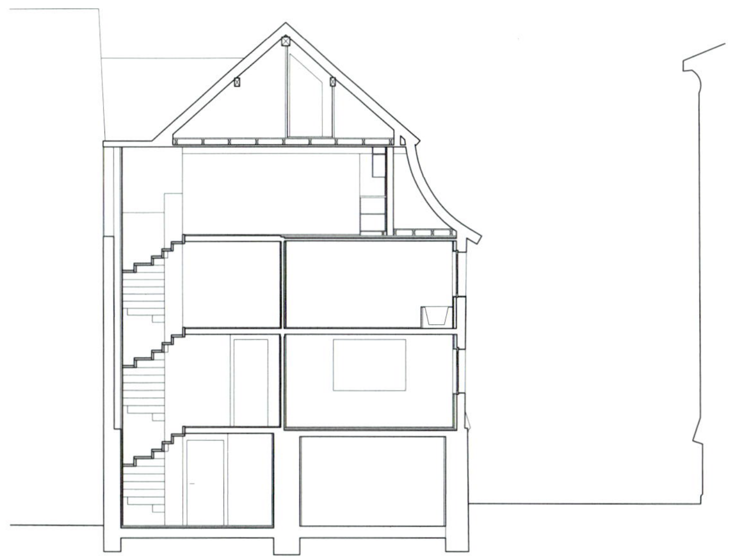

RAIFFEISEN

Wohn- und Pflegehaus Wienerberg, St. Gallen

Wienerberg Residential and Nursing Home, St. Gallen

Das Wohn- und Pflegehaus Wienerberg ist eines von 20 Wohn- und Pflegeheimen der Stadt St. Gallen und befindet sich auf dem Rosenberg in sehr schöner Lage, ganz in der Nähe der viel beachteten Universität von den Architekten Förderer Otto Zwimpfer. Es ist ein Ort, der von den geschützten Doppelwohnhäusern des Aktienbauvereins geprägt ist, die 1891 von Hermann Gsell im Heimatstil erbaut wurden.
Das ruhig gelegene, leicht nach Nordwesten abfallende Gelände, die gute Erschliessung und die Nähe zu attraktiven Erholungsräumen bieten ausgezeichnete Voraussetzungen für die hier angesiedelte Nutzung.
Bauliche und betriebliche Mängel sowie veränderte gesellschaftliche Bedingungen haben den Verein Wienerberg dazu bewogen, ein neues Betriebskonzept auszuarbeiten. Anstelle der beiden älteren Häuser A und Z soll ein Neubau entstehen, der als Ergänzung zum bestehenden Pflegeangebot «Wohneinheiten mit Grundleistungen» für Bewohner mit leichtem bis mittlerem Pflege- und Betreuungsbedarf beherbergt.
Aus der reibungslosen Entwicklung der Erweiterung in einzelnen Etappen ergab sich eine orthogonal strukturierte Grossform. Eine Art «ungleichschenklige Klammer» schafft eine eindeutige Klärung der Aussenräume. Auf der Nord-West-Seite entsteht ein baulicher Abschluss, auf der gegenüberliegenden Seite ein grosser Freiraum. Die Verdickung des Baukörpers im Osten des Volumens markiert den neuen Hauptzugang zur Anlage und verdeutlicht architektonisch die neue Adresse des Hauses.
Der öffentliche Bereich mit Empfang, Cafeteria und Restaurant wird von einem Innenhof geprägt, der im Süden durch den Bürotrakt begrenzt wird und der viel Raum für Gemeinschaftsleben bietet. Zudem schafft er eine diskrete Distanz zwischen den öffentlichen und den privaten Bereichen. Die Büros der Verwaltung, der Mehrzweckraum und der Aktivierungsraum sind um den Innenhof angelegt. Sämtliche Erschliessungs- und Aufenthaltsbereiche orientieren sich einerseits auch zu diesem, andererseits zur neu angelegten Parkanlage. Auch in den oberen Wohngeschossen umgreifen die «Wohneinheiten mit Grundleistungen» diesen Hof, der zugleich für die Bewohner gute Orientierungsmöglichkeiten bietet.
Die neue, übersichtliche Anlage mit einem einfachen Wegenetz folgt dem Prinzip von Plätzen und Strassen. Erschliessungsbereiche wechseln sich mit Nischen und Aufenthaltsbereichen ab, die zum Verweilen in einer wohnlichen Atmosphäre einladen.

The Wienerberg residential and nursing home is one of 20 residential and nursing homes in the city of St. Gallen and is situated on the Rosenberg hillside at a highly attractive location, very near to the widely respected university by the architects Förderer Otto Zwimpfer. It is a place that is characterised by the sheltered, semi-detached houses that were contracted by the Aktienbauverein and built in a homeland style in 1891 by Hermann Gsell.
The peaceful location, which slopes down towards the northwest, the good connections and the vicinity of the attractive leisure areas all provide excellent conditions for the selected use.
Structural and operative deficiencies, as well as changing social conditions, moved the Verein Wienerberg to develop a new operative concept. A new building replaces the older Houses A and Z, thereby complementing the existing nursing services by providing "residential units with basic services" for residents with light to moderate care and support requirements.
The smooth development of the extension in individual stages resulted in an orthogonally structured, large form. A kind of "asymmetrical clamp" unmistakeably clarifies the exterior spaces. On the northwest side, it creates a structural perimeter, while on the opposite side there is a large open space. The facility's new main entrance on the eastern side is emphasised by the building's thicker volume there, architecturally highlighting the building's new address.
The public areas with a reception, cafeteria and restaurant are characterised by an inner courtyard that is framed to the south by an office wing and provides ample space for communal life. It also achieves a discreet distance between the public and private areas. The administrative offices, the multipurpose room and the activity room are situated around that inner courtyard. All accessing and communal areas are oriented towards it or to the newly created park. On the upper storeys too, the "residential units with basic services" surround the courtyard, thereby also providing good orientation for the residents.
The clear, new complex with a simplified network of walkways follows the principle of squares and roads. Accessing areas alternate with niches and communal spaces, inviting people to linger there in a homely atmosphere.

Projektwettbewerb nach Präqualifikation / Project competition with prequalification:
2012, 1. Preis / 1st prize
Planung, Ausführung / Planning, construction: 2013–2018
Bauherrschaft/Client: Verein Wienerberg Wohn- und Pflegehaus, St. Gallen
Mitarbeit/Collaboration: Reto Lanker, Manuela Keller
Baumanagement, Bauleitung / Management of works, construction management: b+p Baurealisation AG, St. Gallen

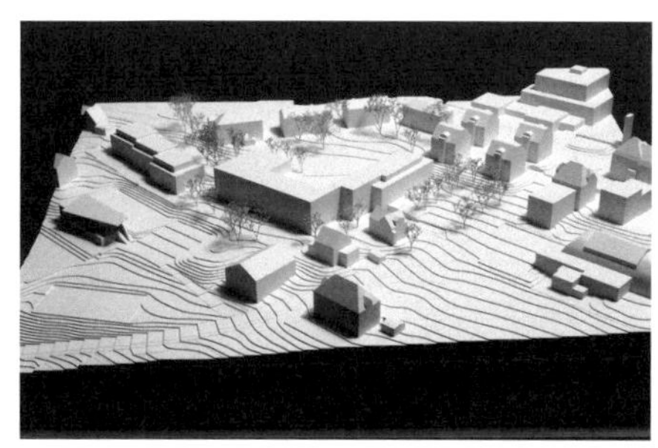

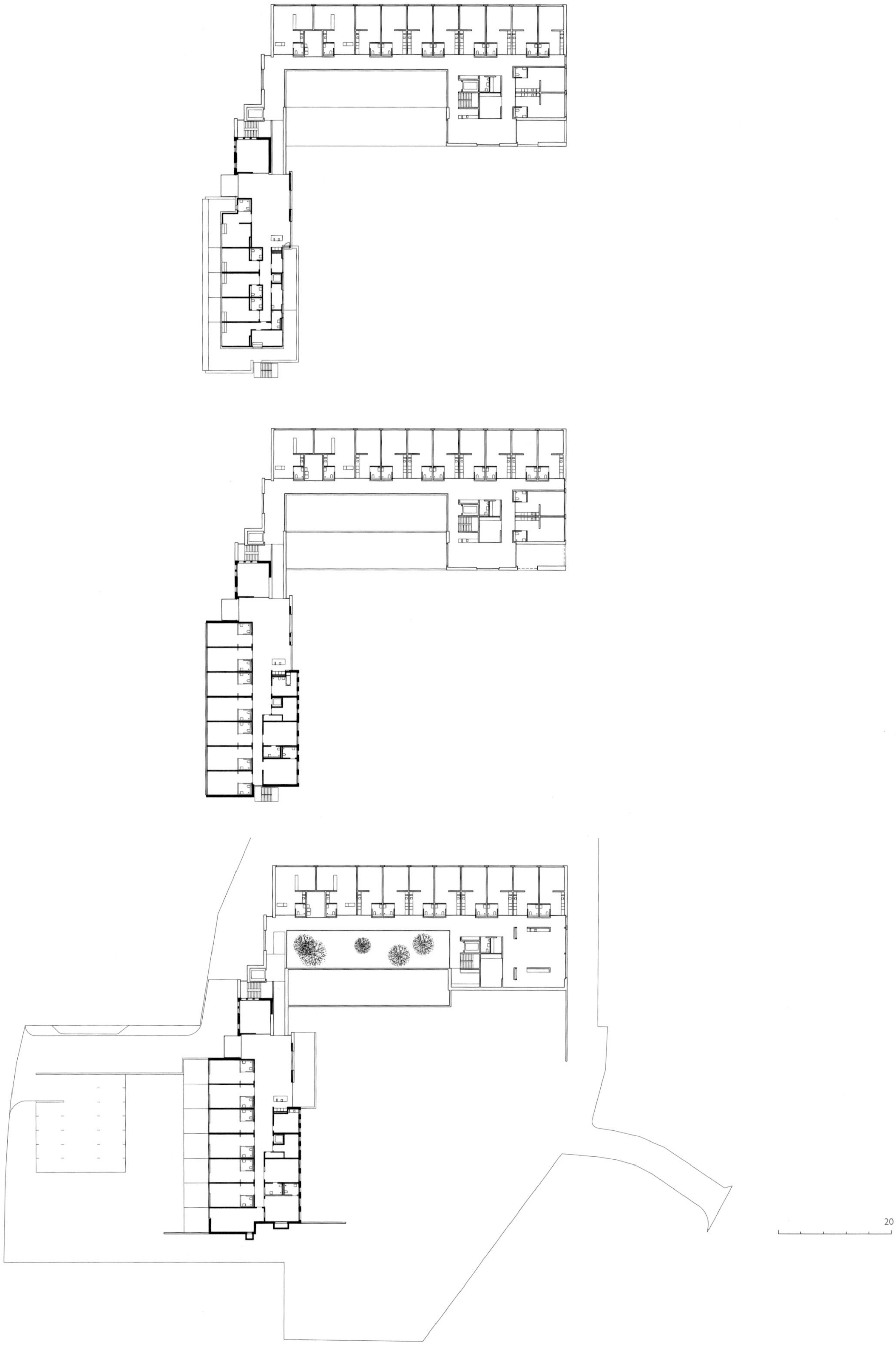
20 m

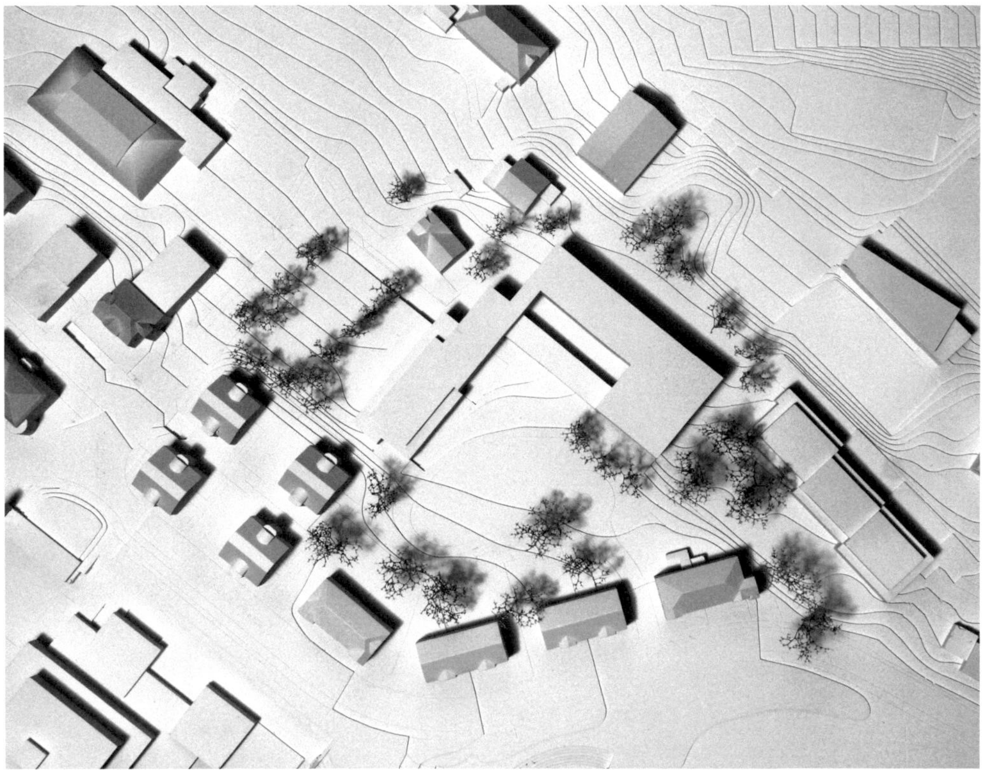

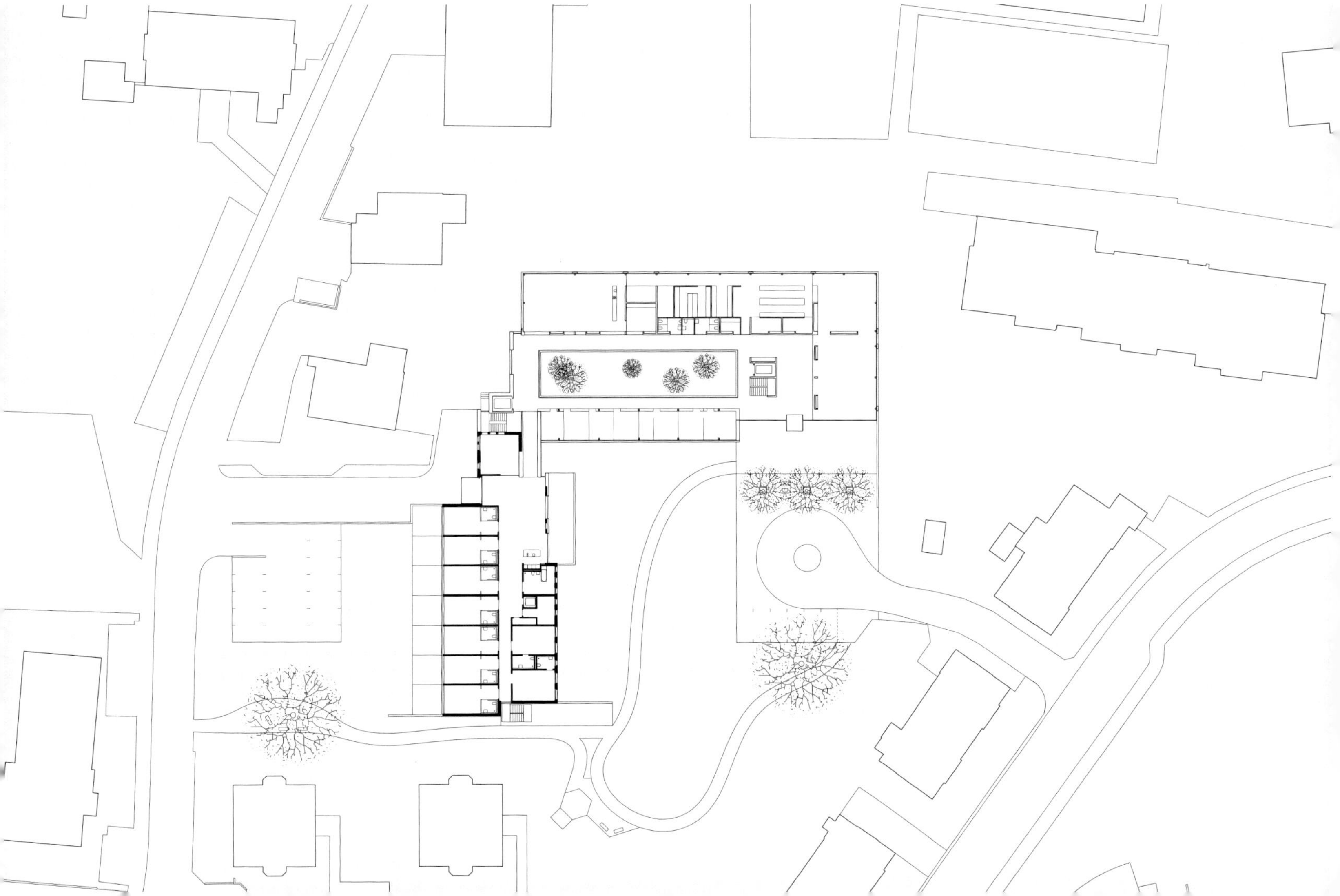

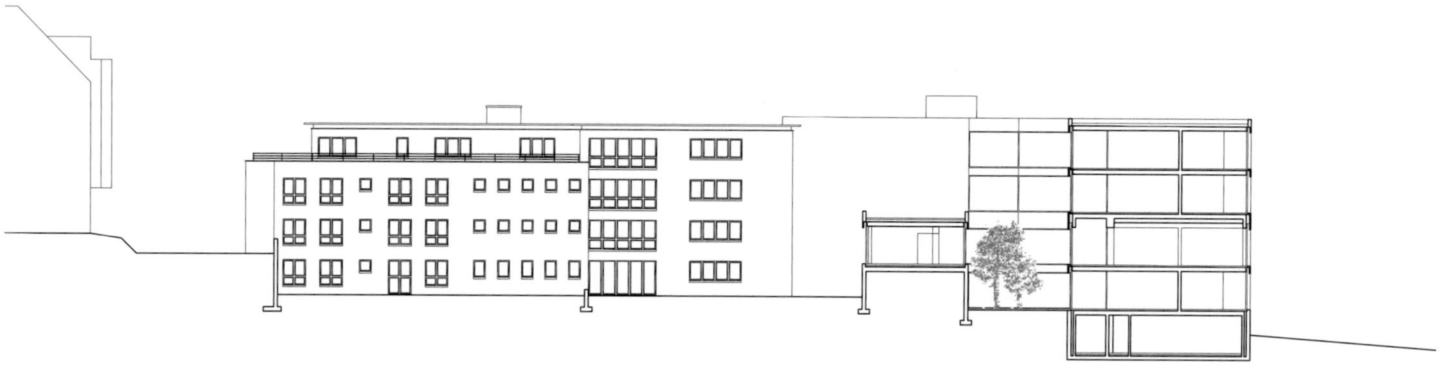

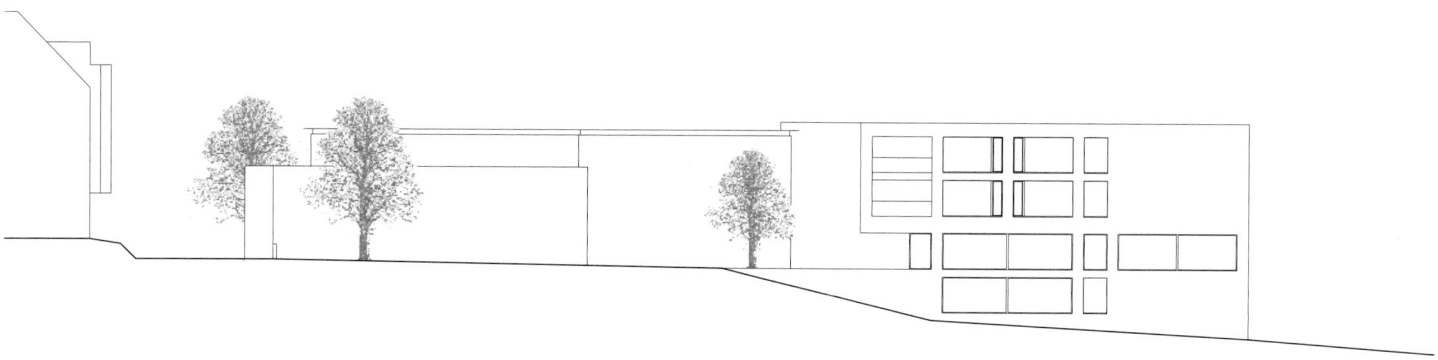

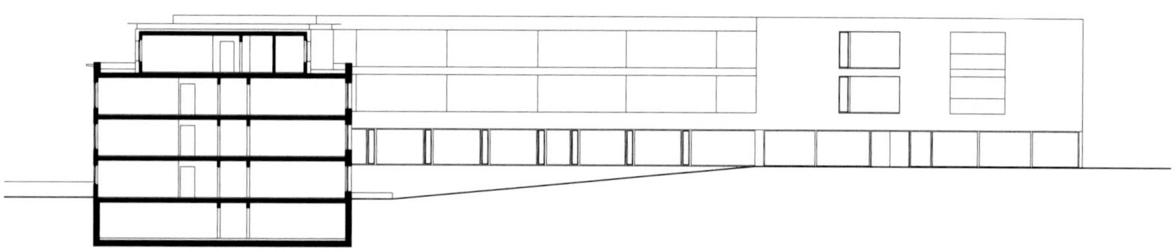

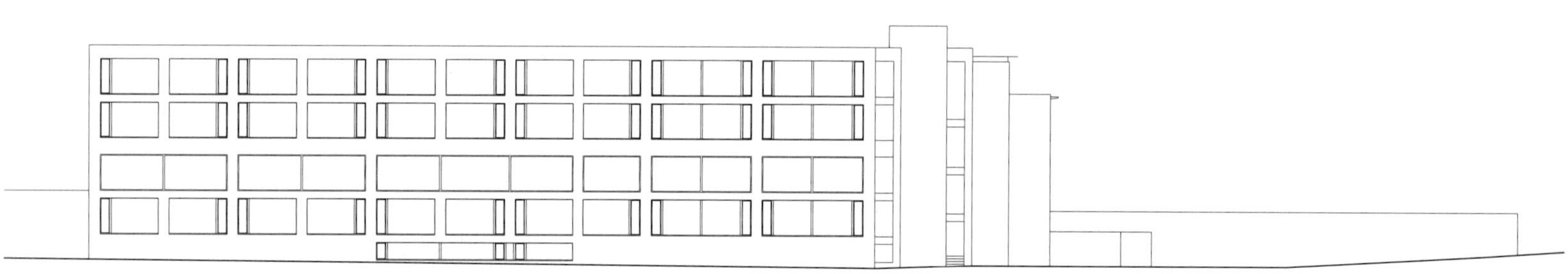

10 m

Werkverzeichnis/List of Works

Auswahl Bauten, Projekte und Wettbewerbe/Selection of Buildings, Projects and Competitions

1992		Wettbewerb Erweiterung Uhrenfabrik *Corum*, La Chaux-de-Fonds
1993/1994	1	Wettbewerb Europan 3 *zuhause in der Stadt*, Europäischer Projektwettbewerb zur Förderung des exemplarischen Wohnungsbaus, Lachen-Vonwil, St. Gallen; 1. Rang
1995		Machbarkeitsstudie Doppel-Einfamilienhaus Hasebüelweg, Heiden
		Studie Umnutzung Gewölbekeller Schopfacker, Trogen
		Studienauftrag Arealentwicklung Häberlimatte, Zollikofen
		Wettbewerb Kirchgemeindehaus, Engelburg
1996		Öffentliche Saunaanlage im städtischen Hallenbad Blumenwies, St. Gallen (Wettbewerb 1995, 1. Rang)
		Studienauftrag Überbauung Gebiet Mühlenstrasse, Abtwil
		Studienauftrag Sanierungskonzept Schulhaus Niedern, Trogen
1997		Atelierhaus für einen Schriftsteller/Musiker, Mühlau
		Studienauftrag Überbauung Bad Friedensberg, Gossau
		Workshop Städtebaulicher Testplanentwurf Gebiet Lachen, St. Gallen
		Sanierungskonzept Wohnhaus Buchenstrasse 59, Speicher
		Umnutzung Stickereigebäude Reutenenstrasse, Speicher
		Studienauftrag Fassadensanierung Lämmlisbrunnenstrasse, St. Gallen
		Basisprojekt Remisengebäude Scheffelstrasse 1a, St. Gallen
		Wettbewerb Kunsthaus Teufen Sammlung T, Teufen; 7. Rang
1998		Projektstudie Doppel-Einfamilienhaus Sonnenhügelstrasse, St. Gallen
		Umbau Stickereifabrik in Wohnloft, Herisau
		Überbauungsstudie Lohen, Kaltbrunn
		Studie für Produktions- und Bürogebäude Micro Innovation, St. Gallen
	2	Raiffeisenbank, Gossau (Wettbewerb 1996, 1. Rang)
1999		Wettbewerb Eissportanlage Lerchenfeld, St. Gallen
	3	Wettbewerb *wohnbau… haltbar bis*, exemplarischer Wohnbau, Graz A
	4	Wettbewerb Zentrumsüberbauung, Degersheim; 2. Rang
		Wettbewerb Oberstufenschulhaus Mittelrheintal, Heerbrugg
	5	Wettbewerb Primarschulhaus, Züberwangen; 4. Rang
	6	Genossenschaftliche Alterswohnungen Flurgarten, St. Gallen (Wettbewerb 1996, 1. Rang)

1

2

3

4

5

2000		Machbarkeitsstudie Einfamilienhaus Goethestrasse 58, St. Gallen
	7	Wettbewerb Leichtathletikzentrum mit 200-Meter-Rundbahn, St. Gallen
		Machbarkeitsstudie Sporthalle Gewerbeschule Demuttal, St. Gallen
2001		Wettbewerb Wohnüberbauung Bernerstrasse, Zürich
		Projekt Einfamilienhaus Fritsche, Appenzell
		Umbau Einfamilienhaus Kobler, Mörschwil
2002		Bebauungsstudie Oberere Steinegg, Speicher
		Studie Turnhalle Gatterstrasse, St. Gallen
		Wettbewerb Primarschulhaus Lindenstrasse, Niederhasli
		Wettbewerb Erweiterung Berufsbildungszentrum, Weinfelden
		Wettbewerb Seniorenwohnungen, Pontresina; 6. Rang
	8	Wettbewerb Fachhochschulzentrum Bahnhof Nord, St. Gallen; 2. Rang
2003	9	Wettbewerb Universität Seminargebäude, St. Gallen; 4. Rang
		Wettbewerb Universität Sporthalle, St. Gallen; 6. Rang
		Wettbewerb Kantonales Verwaltungszentrum Oberer Graben, St. Gallen
		Bebauungsstudie Lochstrasse, Rorschacherberg
2004		Wettbewerb Zentrum für Alterspsychiatrie St. Pirminsberg, Pfäfers; 2. Rang
		Wettbewerb Projektentwicklung für Areal Birnbäumen, St. Gallen
		Wettbewerb Oberstufenzentrum Buchenwald, Gossau; 4. Rang
		Projektstudie Einfamilienhaus Kellerwiesenstrasse, Eggersriet
		Projektstudie Einfamilienhaus Hinterrain, Teufen
		Wettbewerb Alterszentrum Gremm, Teufen
2005		Wettbewerb Bundesverwaltungsgericht, St. Gallen
		Wohn- und Geschäftsüberbauung Konstanzerstrasse, Rossrüti; 2. Rang
2006		Umbau Alters- und Pflegeheim, Horn (Studienauftrag 2004, 1. Rang)
		Wettbewerb Berufsschule BWZ Rorschach-Rheintal, Altstätten; 4. Rang
2007	10	Genossenschaftliche Alterswohnungen Linsebüelguet, St. Gallen (Studienauftrag 2004, 1. Rang)
		Wettbewerb Doppelturnhalle, Linthal
		Wohn- und Pflegeheim, Flawil (Wettbewerb 2002, 1. Rang)
		Gemeindeverwaltung, Bronschhofen (Wettbewerb 2004, 1. Rang)

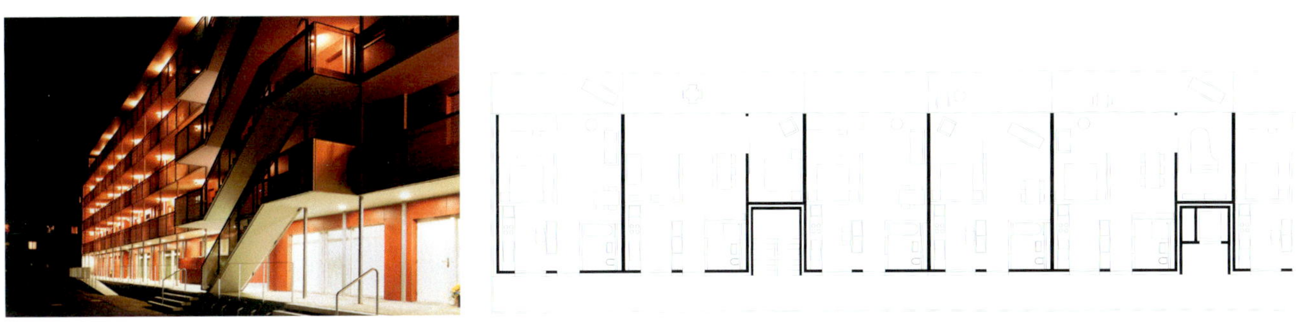

6

7

8

2008		Machbarkeitsstudie Alterswohnungen Straubenzell, St. Gallen
		Weiterbau Wohn- und Atelierhaus, Mühlau
		Wettbewerb Alterswohnungen, Meilen
	11	Wettbewerb Innensanierung Schulhaus / Neubau Turnhalle, Primarschule Gerhalde, St. Gallen; 2. Rang
		Wettbewerb Messe- und Kongresshalle mit Hotel für die Olma, St. Gallen
		Fassadenstudie Lagertankgebäude Brauerei Locher, Appenzell
		Studienauftrag Neubau Geschäftssitz Micro Innovation AG, Steinach
		Wettbewerb Erweiterung Heilpädagogische Schule, Flawil
		Wettbewerb Neues Unterrichtsgebäude Sprachheilschule, St. Gallen; 5. Rang
		Wettbewerb Forschungszentrum, Rapperswil
2009		Umbau Antica Osteria, Caprino
		Projekt Ferienhaus Via San Giorgio, Brissago
		Wettbewerb Ersatzbau Schulhaus Buechen, Thal; 3. Rang
		Umbau Einfamilienhaus Scheidweghalde, Urnäsch
		Wettbewerb Werkhof Gartenbauamt, St. Gallen
		Testplanung Sennhof, Winterthur
2010		Studienauftrag Arealentwicklung Boden/Büel/Unterstadel, Trogen
		Wettbewerb Erweiterung Wohn-und Pflegeheim, Zuzwil; 4. Rang
		Testplanung Pflege- und Betagtenheim Josefshaus/Marthaheim, St. Gallen
		Einbau Kundencenter der St. Galler Stadtwerke, St. Gallen
	12	Wettbewerb Gemeindehaus mit Feuerwehrdepot, Hefenhofen; 1. Rang
		Wettbewerb Wohnüberbauung Oberer Weierwiese, Wil; 2. Rang
		Dreifachsporthalle Seeblick, Mörschwil (Wettbewerb 2005, 1. Rang)
		Wohnüberbauung Kammelenbergstrasse, St. Gallen (Wettbewerb 2004, 1. Rang)
2011		Wettbewerb Neugestaltung Kulturplatz, St. Gallen
		Überbauungsstudie Vorderdorf, Wolfhalden
		Projektstudie Mehrfamilienhaus St. Georgenstrasse 183, St. Gallen
	13	Erweiterung Dreifachsporthalle Schöntal, Altstätten (Studienauftrag 2005, 1. Rang)

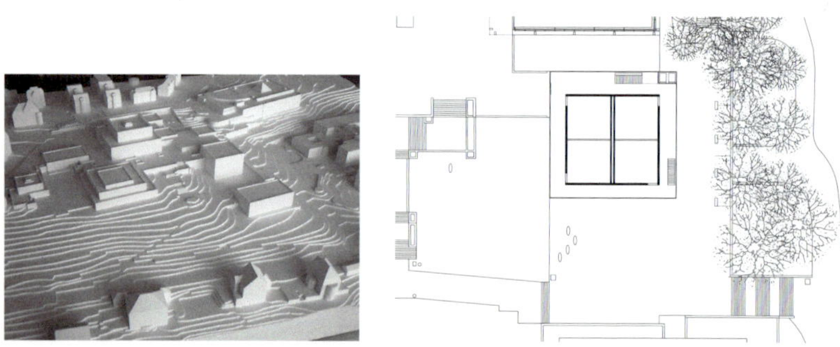

9

10

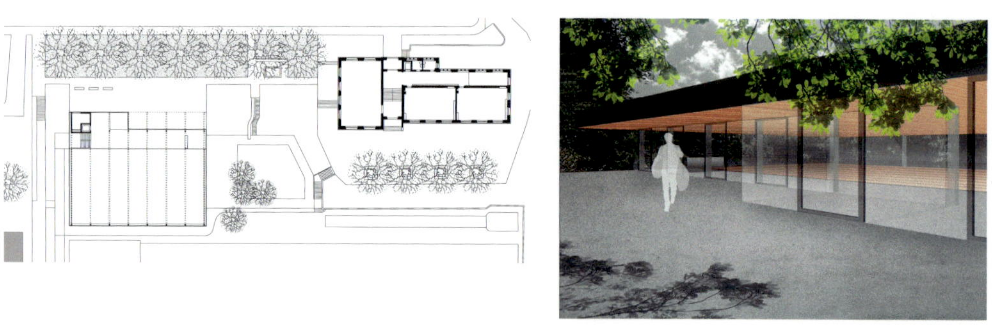

11

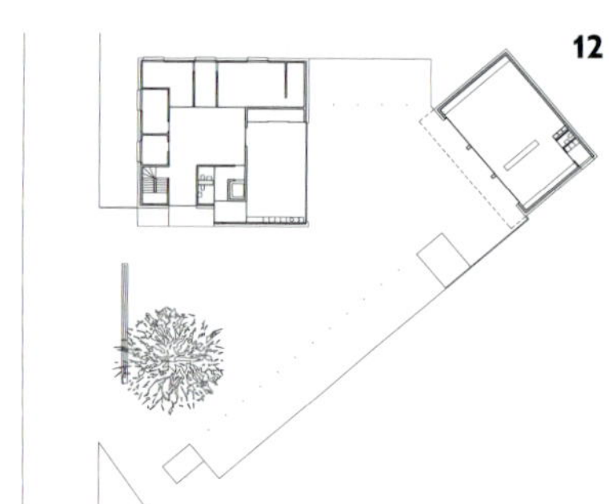

12

2011 Hausanalyse Altes Schulhaus, Lutzenberg
Wettbewerb Wohnhaus für Lernende Brüggli, Romanshorn
Wettbewerb Wohnüberbauung Höchster Strasse, St. Gallen; 4. Rang
Wettbewerb Sanierung Schulhaus und Erweiterung Turnhalle St. Leonhard, St. Gallen
Studienauftrag Teilerneuerung Gaiserbahnhof Bahnhofplatz, St. Gallen
Gebäudeaufnahmen Landwirtschaftliches Zentrum, Flawil
14 Wettbewerb Dreifachturnhalle, Schötz; 2. Rang
2012 Studie Ersatzbau Wallstrasse 14, St. Gallen
Wettbewerb Sporthalle Tellenfeld, Amriswil
15 Wettbewerb Kirchgemeindehaus, Grabs; 2. Rang
Mehrfamilienhaus Spielbrüggli, Appenzell
Hausanalyse Gasthaus Hirschen, Urnäsch
Studienauftrag Genossenschaftlicher Wohnungsbau Sturzeneggstrasse, St. Gallen; 3. Rang
Gartenpavillon und Aussengestaltung, Rorschacherberg
Studienauftrag Arealentwicklung Laubgasse/Oberwiesenstrasse, Frauenfeld; 1. Rang
Raiffeisen-Beraterbank mit Wohnung, Gais (Studienauftrag 2011, 1. Rang)
Studie Gebiet Altenwegen, St. Gallen
2013 **16** Sudienauftrag Alterswohnungen St. Otmar, St. Gallen; 2. Rang
Hausanalyse Bahnhof, Walzenhausen
Hausanalyse Bahnhof, Wienacht-Tobel
Atelieranbau Friedenstrasse, Arbon

Laufende Projekte

17 Schulhaus Kinderdorf Pestalozzi, Trogen (Wettbewerb 2006, 1. Rang)
Mehrfamilienhaus Spielbrüggli, Appenzell
Wohnpark Laubwiesen, Frauenfeld (Studienauftrag 2012, 1. Rang)
Einbau Dachwohnung Kolosseumstrasse 21, St. Gallen (Studienauftrag 2013, 1. Rang)
Ergänzungsneubau Wohn- und Pflegehaus Wienerberg, St. Gallen (Wettbewerb 2013, 1. Rang)
Umbau und Sanierung Bahnhofgebäude, Walzenhausen

13

14

15

16

17

Peter Oestreich		
	1963	geboren in Chur
	1983	Abschluss Berufslehre Tiefbauzeichner und Berufsmittelschule
	1986	Praktikum bei Arnold Amsler Architekt, Winterthur
	1987	Architekturdiplom an der Fachhochschule Winterthur
	1988	Mitarbeit bei Vogt Fosco Oppenheim, Zürich
	1989	Mitarbeit bei Atelier 5, Bern
	1990–1994	Mitarbeit bei Kuster+Kuster, St. Gallen
	1995–	gemeinsames Architekturbüro mit Markus Schmid
	2008	Mitglied im Bund Schweizer Architekten BSA
	2010–	Fachpreisrichter in verschiedenen Wettbewerbskommissionen
	1963	Born in Chur
	1983	Completed Civil Engineering Draughtsman's apprenticeship, vocational school
	1986	Internship with Arnold Amsler Architekt, Winterthur
	1987	Graduated in Architecture at the Winterthur University of Applied Sciences
	1988	Employment at Vogt Fosco Oppenheim, Zurich
	1989	Employment at Atelier 5, Bern
	1990–1994	Employment at Kuster+Kuster, St. Gallen
	1995–	Joint architectural office with Markus Schmid
	2008	Member of the Federation of Swiss Architects BSA
	2010–	Jury member for various competitions

Markus Schmid		
	1961	geboren in Gais
	1983	Abschluss Berufslehre Hochbauzeichner und Berufsmittelschule
	1986	Architekturdiplom an der Fachhochschule Winterthur
	1987	freischaffender Architekt
	1988	Reise durch Südamerika
	1989–1990	freischaffender Architekt
	1990	Reisen in Mittelamerika und Asien
	1991–1994	Mitarbeit bei Niggli+Zbinden, St. Gallen
	1995–	gemeinsames Architekturbüro mit Peter Oestreich
	1998	Mitglied im «berufsverband visuelle kunst» visarte
	2004	Mitglied im Schweizerischer Ingenieur- und Architektenverein SIA
	2005–	Fachpreisrichter in verschiedenen Wettbewerbskommissionen
	2007	Eintrag ins Schweizerische Berufsregister der Architekten REG A
	2008	Mitglied im Bund Schweizer Architekten BSA
	1961	Born in Gais
	1983	Completed Structural Engineering Draughtsman's apprenticeship, vocational school
	1986	Graduated in Architecture at the Winterthur University of Applied Sciences
	1987	Freelance architect
	1988	Travels through South America
	1989–1990	Freelance architect
	1990	Travels in Central America and Asia
	1991–1994	Employment at Niggli+Zbinden, St. Gallen
	1995–	Joint architectural office with Peter Oestreich
	1998	Member of the "visarte" professional association of Swiss artists
	2004	Member of the Swiss Society of Engineers and Architects SIA
	2005–	Jury member for various competitions
	2007	Entered in the Swiss Professional Register of Architects REG A
	2008	Member of the Federation of Swiss Architects BSA

MitarbeiterInnen seit 1995 (*aktuelle MitarbeiterInnen)/ Collaborators since 1995 (*current collaborators)	Semih Açil, Jonas Berg, Denise Betz, Daniel Bühler, Dario Chiarello*, Christine Diewitz-Jäger, Linda Dreger, Clemens Dudli, Beat Eberle*, Dominik Eberle*, Milena Eres, Ali Gündüz, Damian Huber, Gazmend Imeri, Michelle Kamm, Manuela Keller*, Michael Keller, Mathias Kleinert, Sybille Küpfer, Thomas Künzle, Reto Lanker*, Silvia Mertin, Urs Mettler, Martin Ortmann, Preza Pajkic, Anica Prljevic, Evgenia Pronina, Marcel Schuster, Marcel Tschirky, Andrés Urquiza, Beatrice Weibel	
Auszeichnungen/Awards	2011	*Auszeichnung Gutes Bauen 2006–2010*, Kantone SH SG AI AR GL FL (Sporthalle Seeblick, Mörschwil)
Ausstellungen/Exhibitions	1994	*Europan3 – Zuhause in der Stadt*. Urbanisierung städtischer Quartiere. (Projektbeitrag Lachen-Vonwil, St. Gallen). Wanderausstellung Technikum Winterthur (mit Referat), ETH Zürich, HTL Brugg, Ingenieurschule Burgdorf, Technikum Horw, Luzern, École d'Ingenieurs Fribourg, École d'Ingenieurs Genève
	1995	*Europan3 – Zuhause in der Stadt*. Urbanisierung städtischer Quartiere. (Projektbeitrag Lachen-Vonwil, St. Gallen). Architekturmuseum NAI, Rotterdam
Katrin Eberhard (Textbeitrag/Article)	1977	geboren in St. Gallen
	2004	Architekturdiplom an der ETHZ bei Prof. Gion Caminada
	2004–2010	Assistentin am Lehrstuhl für Architektur- und Kunstgeschichte Prof. Dr. Andreas Tönnesmann
	2008	Promotion am gta / ETHZ bei Prof. Dr. Andreas Tönnesmann
	2009	Lehrbeauftragte an der ETHZ
	2012	Lehrbeauftragte am Kunsthistorischen Institut der Universität Zürich
	2011–	Wissenschaftliche Mitarbeiterin Denkmalpflege der Stadt St. Gallen
		Diverse Publikationen im Bereich Theorie und Geschichte der Architektur

Bibliografie/Bibliography

1994 Projektbeitrag «Lachen-Vonwil, St. Gallen» zum Wettbewerb *Europan 3*. In: Didier Rebois (Hrsg.): Zuhause in der Stadt. Urbanisierung städtischer Quartiere. Europäische Ergebnisse *Europan 3*. Drittes Verfahren europaweiter Wettbewerbe für neue Architektur. Paris: Europan.

1998 Raiffeisenbank Gossau. In: AIT Nr. 12, Leinfelden-Echterdingen

Kunsthaus Teufen. In: Aktuelle Wettbewerbs Scene Nr. 1, Zürich

1999 Zentrumsüberbauung Degersheim. In: Aktuelle Wettbewerbs Scene Nr. 4–5, Zürich

Raiffeisenbank Gossau. In: Hochparterre Nr. 10, Zürich

2000 Alterswohnungen Flurgarten St. Gallen. In: Hochparterre Nr. 5, Zürich

Alterswohnungen Flurgarten St. Gallen. In: tec 21 Nr. 48 (Wohnen im Alter), Zürich

Laurent Stalder: Über die Zweckmässigkeit in der Architektur: Alterswohnungen von Oestreich und Schmid in St. Gallen. In: Architektur Aktuell Nr. 240, Wien

Das Material macht den Unterschied (Raiffeisenbank Gossau). In: ARCH Nr. 129, Niederurnen

2001 Wohnen als Experiment (Umbau Stickereifabrik Herisau). In: Ideales Heim Nr. 3, Zürich

2002 Reaktion statt Aktion (Alterssiedlung Flurgarten St. Gallen). In: Arch Nr. 133, Niederurnen

2003 FH Bahnhof Nord St. Gallen. In: hochparterre.wettbewerbe Nr. 2, Zürich

FH Bahnhof Nord St. Gallen. In: Werk, Bauen + Wohnen Nr. 5, Zürich

2004 Zentrum für Alterspsychiatrie Pfäfers. In: hochparterre.wettbewerbe Nr. 5, Zürich

2005 Gemeindeverwaltung Bronschofen. In: tec 21 Nr. 3–4, Zürich

2007 Gemeindeverwaltung Bronschofen. In: swiss architects.com (Bau der Woche)

2008 Gemeindeverwaltung Bronschofen. In: Hochparterre Nr. 1–2, Zürich

Anita Simeon: Heterogen in der Nutzung, homogen in der Optik (Alterssiedlung Linsebüelguet St. Gallen). In: ARCH Nr. 149 (Wohnformen)

Peter Oestreich / Markus Schmid / Architekten 1992–2008 (Heft für Aufnahme in BSA). St. Gallen: Eigenverlag

2010 Sporthalle Seeblick, Mörschwil. In: swiss architects.com (Bau der Woche)

Überbauung Kammelenberg Ost St. Gallen. In: swiss architects.com (Bau der Woche)

2011 Wohn- und Atelierhaus Mühlau. In: Das Einfamilienhaus Nr. 1, Cham

Sporthalle Seeblick, Mörschwil. In: Architekturforum Ostschweiz (Hrsg.): Auszeichnung Gutes Bauen 2006–2010. Zürich: Edition Hochparterre

Anna Schindler: Unihockey mit Blick auf den See (Sporthalle Seeblick, Mörschwil). In: Werk, Bauen + Wohnen Nr. 5, Zürich

Josef Osterwalder: Schwitzen in Behaglichkeit (Sporthalle Seeblick, Mörschwil). In: St. Galler Tagblatt, 06.08.2011, St. Gallen

Überbauung Kammelenberg. In: Beilage zu Hochparterre Nr. 12 (St. Gallen entdecken), Zürich

2012 Anna Schindler: In Beton gegossene Moderne (Überbauung Kammelenberg). In: Sonntags Zeitung, 14.08.2012, Zürich

Finanzielle und ideelle Unterstützung
Financial and conceptual support

Ein besonderer Dank gilt den Institutionen und Sponsorfirmen, deren finanzielle Unterstützungen wesentlich zum Entstehen dieser Buchreihe beitragen.
Ihr kulturelles Engagement ermöglicht ein fruchtbares und freundschaftliches Zusammenwirken von Baukultur und Bauwirtschaft.

Kanton St.Gallen Kulturförderung

STADT WIL

Bühler + Scherler AG, St. Gallen

Domus Leuchten und Möbel AG
St. Gallen

Glas Trösch AG, Bützberg

Hälg & Co. AG, St. Gallen

JUBAG IMMO, St. Gallen

Kaufmann Oberholzer AG
Schönenberg

Charles Keller Design AG, St. Gallen

Zumtobel Licht AG, Zürich

Quart Verlag Luzern/Quart Publishers Lucerne

De aedibus – Zeitgenössische Architekten und ihre Bauten/Contemporary architects and their buildings

Quart Verlag GmbH, Heinz Wirz; Verlag für Architektur und Kunst
Denkmalstrasse 2, CH-6006 Luzern; books@quart.ch, www.quart.ch